알고 보면 착한 명리
방향을 알면 운이 보인다

알고 보면 착한 명리
방향을 알면 운이 보인다

발행일 : 2018년 7월 16일 초판 1쇄
지은이 : 안영근
펴낸곳 : 한스하우스

등 록 : 2000년 3월 3일(제2-3033호)
주 소 : 서울시 중구 마른내로 12길 6
전 화 : 02-2275-1600
팩 스 : 02-2275-1601
이메일 : hhs6186@naver.com

ISBN 978-89-92440-42-4 03180

초과학 합작방향개운법

알고 보면 착한 명리

방향을 알면 운이 보인다

梅法
安永根 著

머리말

세상에 영원한 것은 없다!
사람들은 출생과 동시에 지루하고 고단한 삶과의 전투가 시작
된다. 질병을 포함한 모든 액운(厄運)과 다투기도 하고, 때로는
타협하기도 하면서 살아가지만 현재까지는 승리할 가능성은
전혀 없다는 것이 사실이었다.

살면서 좀처럼 변화하지 않는 것도 많이 본다. 위기와 기회가
같이 온다는 것도 그렇다. 함께 와서 같이 머물면서도 서로 밀
어내기를 반복한다.

정명론(定命論)에 기초를 둔 사주팔자가 나쁘다하여 실망할 것
도 아니고 사주팔자가 좋다고 하여 안심할 일은 더욱 아니다.
그리고 이미 '고(苦)'에 빠졌다 하여 실망하고 낙담할 일은 더
더욱 아니다.

삶은 누구에게나 힘겹고 고통스러운 무게로 다가오지만 그래도 사는 재미를 느낄 때가 적지 않다.

사람들에게 '당장에 절대 죽을 일은 없다'라는 신념을 실어 용기를 고취시키는 역할을 하는 방위학에 기초를 둔 합작방향 개운방법(合作方向 開運方法)을 지키고 실행하기만 하면 이를 거뜬히 극복할 수 있기 때문이다.

삶이 더 이상 조물주(造物主)의 몫만이 아니라는 것을 깨우치고 알리기 위한 시기가 다가온 것이다.
지금의 삶이 몹시 팍팍하게 여겨지는 이들도 있을 것이고 사방이 꽉 막혀 옴짝달싹 할 수 없는 지경에 처한 이들도 있을 것이다. 또한 스스로 진단하여 도저히 가망이 없다고 생각한 이들도 있을 수 있다.

결론부터 말하면, 사주를 이해하고 방향을 올바르게 이해하고 이러한 것들을 지키기만 한다면 불가사의(不可思議)한 개운(開

運)의 기쁨을 맛보리라 생각한다. 세상 모든 사람들이 합작방향 개운법을 지킴으로써 "이제 불행 그만, 행복 시작"이라는 희망 찬 미래를 살아가기를 간절히 빌어보는 바이다.

특별한 연구나 지식이 없어도, 또한 비용이 들지 않고 누구나 손쉽게 일상생활에 비추어 응용할 수 있는 놀라운 비결(祕訣)이 라 믿어 의심치 않는다.

끝으로 세상에 나오기까지 이 책의 품격을 높여준 김봉기님과 연수민님, 원고의 탈고를 이끌어 준 사랑하는 김선희님과 삶의 향기인 딸 소윤이에게도 감사드린다. 자료 정리에 애써준 제자 규빈 소장의 노고와 이 책의 발간에 힘써 주신 출판사 한스하우 스 대표 한흥수님과 성민님의 수고에 감사드린다. 모두에게 따 뜻한 감사의 인사를 올립니다.

梅泫 安 永 根

차 례

4강 독창적 명리의 이해 127

맺음말

1장

개

론

예로부터 우리 민족은 예지력을 갖춘 민족으로 통했다.
선조들, 특히 양반가문에서는 더 더욱 의술과 명리공부를 반
드시 시키는 지혜를 가졌으며 모두가 육갑을 짚을 줄 알았고
수리(數理)의 반복을 통해 앞날의 길흉을 점쳤다. 양반과 평민
농민에 이르기까지 애용하여 신속하게 활용하기도하고 때로
는 절대로 금기(禁忌)시 하는게 있었다.

육십갑자(六十甲子)는 10간(干)과 12지(支)를 결합하여 만든
60개의 간지(干支)로 육십간지 육갑이라고도 한다.
육갑은 년.월.일.시 모두에 적용되며 다같이 육십진법으로 반
복되어 나열된다.

선조들은 보통 육갑으로 정해지는 한 해의 사건발생 시기를 나
타냈고 육갑으로 세우는 일진(日辰)을 생활 속에서 활용했다.

참고로 한 사람이 태어난 년.월.일.시 네 기둥을 사주(四柱)라
하고 사주의 각 기둥은 각각 육갑 하나씩 배당되어 간지 두 글
자로 이루어지므로 사주는 곧 팔자(八字)로 통칭된다.

육십갑자표

■ 육십갑자표와 해당 연도

간지	연도	간지	연도	간지	연도
甲子 (갑자)	1864, 1924, 1984	甲申 (갑신)	1824, 1884, 1944	甲申 (갑신)	1844, 1904, 1964
乙丑 (을축)	1865, 1925, 1985	乙酉 (을유)	1825, 1885, 1945	乙巳 (을사)	1845, 1905, 1965
丙寅 (병인)	1866, 1926, 1986	丙戌 (병술)	1826, 1886, 1946	丙午 (병오)	1846, 1906, 1966
丁卯 (정묘)	1867, 1927, 1987	丁亥 (정해)	1827, 1887, 1947	丁未 (정미)	1847, 1907, 1967
戊辰 (무진)	1868, 1928, 1988	戊子 (무자)	1828, 1888, 1948	戊申 (무신)	1848, 1908, 1968
己巳 (기사)	1869, 1929, 1989	己丑 (기축)	1829, 1889, 1949	己酉 (기유)	1849, 1909, 1969
庚午 (경오)	1870, 1930, 1990	庚寅 (경인)	1830, 1890, 1950	庚戌 (경술)	1850, 1910, 1970
辛未 (신미)	1871, 1931, 1991	辛卯 (신묘)	1831, 1891, 1951	辛亥 (신해)	1851, 1911, 1970
壬申 (임신)	1872, 1932, 1991	壬辰 (임진)	1831, 1891, 1951	壬子 (임자)	1851, 1911, 1971
癸酉 (계유)	1873, 1933, 1993	癸巳 (계사)	1833, 1893, 1953	癸丑 (계축)	1853, 1913, 1973

간지	연도	간지	연도	간지	연도
甲戌 (갑술)	1874, 1934, 1994	甲午 (갑오)	1834, 1894, 1954	甲寅 (갑인)	1854, 1914, 1974
乙亥 (을해)	1875, 1935, 1995	乙未 (을미)	1835, 1895, 1955	乙卯 (을묘)	1855, 1915, 1975
丙子 (병자)	1876, 1936, 1996	丙申 (병신)	1836, 1896, 1956	丙辰 (병진)	1856, 1916, 1976
丁丑 (정축)	1877, 1937, 1997	丁酉 (정유)	1837, 1897, 1957	丁巳 (정사)	1857, 1917, 1977
戊寅 (무인)	1878, 1938, 1998	戊戌 (무술)	1838, 1898, 1958	戊午 (무오)	1858, 1918, 1978
己卯 (기묘)	1879, 1939, 1999	己亥 (기해)	1839, 1899, 1959	己未 (기미)	1859, 1919, 1979
庚辰 (경진)	1880, 1940, 2000	庚子 (경자)	1840, 1900, 1960	庚申 (경신)	1860, 1920, 1980
辛巳 (신사)	1881, 1941, 2001	辛丑 (신축)	1841, 1901, 1961	辛酉 (신유)	1861, 1921, 1981
壬午 (임오)	1882, 1942, 2002	壬寅 (임인)	1842, 1902, 1962	壬戌 (임술)	1862, 1922, 1982
癸未 (계미)	1883, 1943, 2003	癸卯 (계묘)	1843, 1903, 1963	癸亥 (계해)	1863, 1923, 1983

풍수에서는 공간을 8등분으로 분할한 8방위로 길흉을 설명하지만 이것은 어디까지나 배치, 위(位)의 문제다.

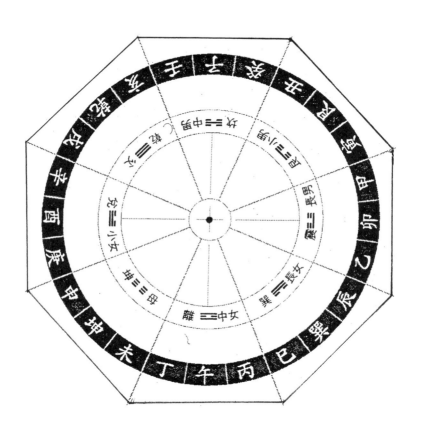

배치 못지않게 더 중요한 것은 방향, 향(向)의 문제다.

향(向)의 문제는 12등분한 12방위 이론을 적용한다.

다시말해 십이지지 각각에 배당된 방위부터 알아 두는게 좋다.

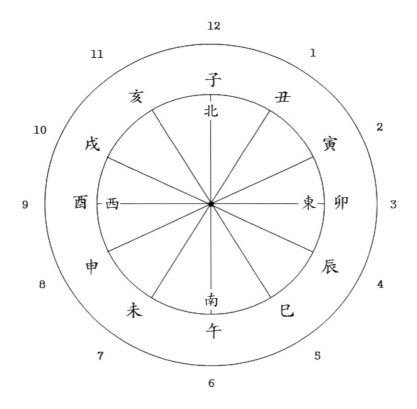

방위의 길흉은 모든 사람에게 일괄적으로 적용되는게 아니다. 먼저 태어난 해의 열 두 띠를 기준으로 각각 셋 씩 묶어 네 그룹으로 만드는데 목명(木命), 화명(火命), 금명(金命), 수명(水命)으로 구분한다.

목명은 해묘미(亥卯未)로 '돼지, 토끼, 양' 띠에 해당하는 사람을 말한다.
화명은 인오술(寅午戌)로 '범, 말, 개' 띠를 말하고
금명은 사유축(巳酉丑)의 '뱀, 닭, 소' 띠생을 일컫는 말이다.
수명은 신자진(申子辰)의 '원숭이, 쥐, 용' 띠가 해당된다.

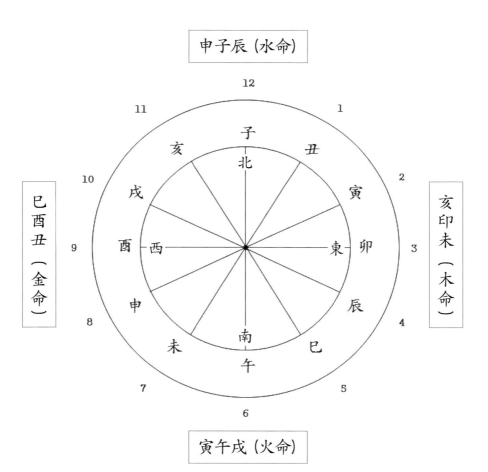

申子辰 (水命)

亥卯未 (木命)

寅午戌 (火命)

巳酉丑 (金命)

❀❀❀

12 운수(運數)

1. 십이운성(十二運星) :

   인간이 태어나서 생을 마감하는 과정을 그린 것.

   '포, 태, 양, 생, 욕, 대, 록, 왕, 쇠, 병, 사, 묘'의 순서

2. 십이신살(十二神殺) : 십이운성에 신살을 붙인 것.

   '겁, 재, 천, 지, 연, 월, 망, 장, 반, 역, 육, 화'의 순서

3. 십이신살은 곧 십이운성과 연동되므로 이를 염두해 두면 된다.

   겁, 재, 천, 지, 연, 월, 망, 장, 반, 역, 육, 회

   ↓ ↓ ↓ ↓ ↓ ↓ ↓ ↓ ↓ ↓ ↓ ↓

   포, 태, 양, 생, 욕, 대, 록, 왕, 쇠, 병, 사, 묘

그러므로 겁살(劫煞)은 곧 절지(絶地)요, 재살(災殺)은 태지(胎地)요, 천살(天殺)은 양지(養地), 지살(地殺)은 장생(長生) 이런

식으로 같이 연동된다.

4. 십이신살은 연지의 삼합오행을 기준으로 오행이 상극되는 글
   자를 겁살로 시작해서 순환하는 체계를 세운 열 두 개의 살성

▣ 십이신살표

生年	겁살	재살	천살	지살	연살	월살	망신	장성	반안	역마	육해	화개
巳酉丑	寅	卯	辰	巳	午	未	申	酉	戌	亥	子	丑
亥卯未	申	酉	戌	亥	子	丑	寅	卯	辰	巳	午	未
申子辰	巳	午	未	申	酉	戌	亥	子	丑	寅	卯	辰
寅午戌	亥	子	丑	寅	卯	辰	巳	午	未	申	酉	戌

▣ 십이운성표

十干	胞	胎	養	生	浴	帶	祿	旺	衰	病	死	墓
甲	申	酉	戌	亥	子	丑	寅	卯	辰	巳	午	未
乙	酉	申	未	午	巳	辰	卯	寅	丑	子	亥	戌
丙	亥	子	丑	寅	卯	辰	巳	午	未	申	酉	戌
丁	子	亥	戌	酉	申	未	午	巳	辰	卯	寅	丑
戊	亥	子	丑	寅	卯	辰	巳	午	未	申	酉	戌
己	子	亥	戌	酉	申	未	午	巳	辰	卯	寅	丑
庚	寅	卯	辰	巳	午	未	申	酉	戌	亥	子	丑
辛	卯	寅	丑	子	亥	戌	酉	申	未	午	巳	辰
壬	巳	午	未	申	酉	戌	亥	子	丑	寅	卯	辰
癸	午	巳	辰	卯	寅	丑	子	亥	戌	酉	申	未

五行	胞	胎	養	生	浴	帶	祿	旺	衰	病	死	墓
木	申	酉	戌	亥	子	丑	寅	卯	辰	巳	午	未
火	亥	子	丑	寅	卯	辰	巳	午	未	申	酉	戌
土	亥	子	丑	寅	卯	辰	巳	午	未	申	酉	戌
金	寅	卯	辰	巳	午	未	申	酉	戌	亥	子	丑
水	巳	午	未	申	酉	戌	亥	子	丑	寅	卯	辰

▣ 회(會) : 방합(方合)과 삼합(三合) 이 있다.

1. 방합(方合)은 형제(兄弟) 동기(同氣)의 합(合)

2. 삼합(三合)은 천지인(天地人)의 합(合)

3. 십이지지(十二支地)

  1) 인신사해(寅申巳亥)

   사생(四生)의 글자로써 태동(胎動)의 천기(天氣)를
   상징하는 글자로 장생(長生)을 말한다.

  2) 자오묘유(子午卯酉)

   사정방(四正方)의 글자로써 천지(天地)간에 왕성(旺盛)한
   인사(人事)를 상징한다.

3) 진술축미(辰戌丑未)

　　사고(四庫)의 글자로써 입묘(入墓)의 지기(地氣)로 상징한
　　다. 그리하여 천지인(天地人)의 한 글자씩이 만나 셋이 하
　　나를 이루면 삼합(三合)이 되는 것이다.

◼ 방합오행(方合五行)

계절	방합오행(方合五行)
춘(春)	인묘진(寅卯辰)　동방목국(東方木局)
하(夏)	사오미(巳午未)　남방화국(南方火局)
추(秋)	신유술(申酉戌)　서방금국(西方金局)
동(冬)	해자축(亥子丑)　북방수국(北方水局)

◼ 삼합오행(三合五行)

목	해묘미(亥卯未)　목국(木局)
화.토	인오술(寅午戌)　화국(火局)
금	사유축(巳酉丑)　금국(金局)
수	신자진(申子辰)　수국(水局)

삼합(三合)이란 지지의 세 글자가 하나의 기(氣)로 뭉쳐서 강력
한 세력을 형성한다는 뜻이며 생(生), 왕(旺), 묘(墓)의 글자를
구비한 것이다.

수(水)를 예로 들면 신(申)에서 생(生)하고 자(子)에서 왕(旺)하며 진(辰)에서 묘(墓)에 들며 신자진(申子辰) 세 글자로 수국(水局)을 짓게 되는 것이다.

삼합오행과 신살

오행	생	왕	묘	신살 (묘 다음에 오는 글자는 절=겁살)	때
木命	亥	卯	未	劫殺 ― 去 ― 申	년생
火命	寅	午	戌	劫殺 ― 去 ― 亥	년생
金命	巳	酉	丑	劫殺 ― 去 ― 寅	년생
水命	申	子	辰	劫殺 ― 去 ― 巳	년생

십이신살의 핵심적 운용은 네 가지 사상체계로 구성되어 있는 명주의 회합이다.

◉ 겁.년.반(절.욕.쇠) 合作
◉ 역.재.월(병.태.태) 合作
◉ 망.육.천(록.사.양) 合作
◉ 지.장.화(생.왕.묘) 合作

이를테면 년살은 겁살과 반안살로 삼합국을 이루게 된다. 년살 홀로는 대체로 그 성정을 드러내기 어렵지만, 년살과 겁살이 조합될 때 이거나 혹은 년살이 반안살과 조합될 때는 이 두 가지의 형상 국면은 전혀 다른 결과로 나타난다.

주로 전자는 허영과 사치에 빠져 끼로 인해 겁탈을 당하는 형국으로 나타나고 후자는 한판에 좋은 환경의 크나큰 성취를 보는 전혀 다른 상황으로 나타난다. 다른 말로 이러한 현상을 합작(合作)이라 한다.

합작되지 않고 홀로 존재하는 신살은 기미만 품고 있을 뿐 신살의 작용력이 나타나지 않으므로 일반적으로 때를 기다려야 하는 국면으로 상황이 전개된다. 여기에 핵심이 있는 것이다.

예를 들어 년살을 도화라 하여 예쁘고 끼가 있는 사람으로 겁살과 합작을 하면 겁탈을 당해 소리없이 단절되는 물상으로 나타나고 년살이 반안살과 합작을 하면 스타덤(Stardom)에 오른다는 이야기와 같은 것이고 합작되지 않은 신살은 작용력이 나타나지 않는다.

결론부터 말하자면 이러한 합작원리에 근거하여 방향을 알면 운이 열리게 되어 있다는 사실에 우리는 주목해야한다. 그러므로 방향을 바꾸고 정확한 방향을 적용하면 반드시 운이 열린다.

모든 사람들이 이러한 원리를 적용 실천함으로써 조만간에 복성(福星)의 기운을 받아, 바라는 희망과 소원이 이루어지길 바란다.

"합작방향을 이해하고 방향을 바꾸면 운이 열린다"

2강

신
살(神殺)

십이신살(十二神殺)의 특성

✺ ✺ ✺

겁살(劫殺)은 운성으로는 절지(絶地)에 배속된다.

단절의 속성을 나타내며 빼앗길 때는 힘없이 무기력하게 당하는 경향이 있다. 이 살은 마치 적장과 같이 두려운 존재로 흉조가 크다. 남을 생각하지 않고 자기 자신만을 아는 이기적인 성향을 나타낸다. 천성은 담백하고 순수한 경향도 있지만 즉흥적인 기질을 함유하고 있어 냄비처럼 쉽게 끓고 쉽게 식어버리는 기질을 드러내곤 한다.

겁살이 년살과 합작(合作)하면 사치스럽고 허영에 빠지며 감정의 기복이 심해 앞뒤를 가리지 못한다.

풍류를 즐기며 나서기를 반복하며 집안에 시끄러운 소리가 난다고 했다. 또한 새로운 상대를 만나면 지난 인연을 쉽게 잊어버린다. 더러 겁살은 남의 것을 빼앗기도 하는 노회한 야심으로 나타내기도 한다.

겁살이 반안살과 합작을 이루면 스타덤에 오르는 커다란 환경의 변화를 가져오게 된다.

이를 위해 반복적인 행위를 계속하다보면 반드시 반안살과 합작을 이루게 되어 좋은 환경으로 나타나게 된다.

인사(人事)에 비유하면 모반주동자로 별칭한다.

국가를 폭력이나 강제적 방법을 동원하여 쿠데타를 일으키는 수단을 말하며 천지대살(天地大殺)이라고도 불리는 살(殺)이다. 차압이나 철거, 강탈, 폭행 등의 작용을 하며 자기가 살고 있는 방을 중심으로 겁살방향에는 미관이 흉물스러운 물건들이 놓여있고 뜯어고치지 않으면 생존에 위협을 느끼는 것 들이 있다. 그래서 그쪽 방향으로는 위험한 축대나 난간들이 있으며 옥외로는 재개발이 필요한 곳이다.

방안에서는 그 방향으로 문을 낼 필요는 없고 태양이 훤히 들어오도록 하고픈 곳이기 때문에 긴급보수를 해야 할 곳이다. 예를 들어 사유축생(巳酉丑生)년이라면 인방(寅方)에 해당된다.(시계로는 3시 방향에 해당된다.)

인겁살(寅劫殺)이면 목재물(木材物)을 다루었고, 신겁살(申劫殺)이면 금속물을 다룬 경험이 반드시 있게 된다. 맏딸이 겁살 띠 이면 그 아래로는 여동생만 두게 되고 남자아이가 겁살(劫

殺)띠이면 동생을 못두게 되는 수가 많다.

그리고 그 자식은 탕아가 되거나 흉한 일을 겪거나 그 자식의 출산과 동시에 가산을 탕진하게 된다. 어느 사람이나 겁살방향에는 이용불편한 공간이 있으며 가구를 자주 변경시키는 곳이다.

❀ ❀ ❀

재살(災殺)은 운성(運星)으로는 태지에 속한다.
태생적으로 천성이 순진하고 세상물정을 모르며 겁이 많고 불안감에 휩싸이기 쉽다.
아기를 잉태한 상태로 낙태냐 탈퇴냐 하는 두 가지의 형태로 반드시 나타나는데 종래에는 분리되는 상황을 맞이하게 된다.

심성이 착하여 타인의 부탁은 잘 들어주고 거절을 못해 결과적으로는 약속을 지키지 못해서 선의의 피해를 입히곤 한다.
자의로는 아무 것도 할 수 없는 상태로 기획만 한다.

자궁내에서 보호되는 태아는 타인에게 의지하는 삶의 형태를 드러내며 지시를 받는 보스를 모시게 되고 고립된 환경에서 모진 고통과 시련을 감내해야만 하는 운명을 암시한다,
여자명은 필연적으로 낙태를 경험하는 재앙이 거의 나타난다.

또한 이 살은 삼합의 중군(中軍)을 습격해오는 간첩과 같아 세월에서 재살을 만나면 먼저 명예를 손상당하고 다음으로 일종의 실물수로 나타나기 쉽다.(분실 등)
인오술생은 자정경에 잘 당하고 신자진생은 정오경에 잘 당하며 사유축생은 아침에 잘 당하고 해묘미생은 저녁에 잘 당한다고 전해진다.

이 살은 별칭으로 모반동조자나 간첩을 의미하기도 하며 국왕의 측근에서 벼슬을 하며 이간의 속성이 있다.
대강의 뜻으로 머리를 교묘히 써서 합법을 가장한 묘책으로 상대를 정복하고서 실리달성을 획책하는 과정을 말한다.
내심에는 칼을 품고서 만약에 대비하여 발을 빼거나 찌르거나를 준비중에 있는 상태를 뜻하기도 한다.

방안에서는 드라이버나 기밀문서, 무서운 물건이나 운동기구 등이 놓여 있으며 가정상비약도 여기에 속한다.

줄을 달고 취직하는 경우의 빽 줄에 해당 하는 게 재살인(災殺人)이다. 살고 있는 집을 기준하여 재살방향(災殺方向)에는 가장 가까운 사람이라도 나에게 질투심을 갖고 있는 사람이 되며 혹여 관계가 악화되기만 하면 나의 비밀을 빌미로 주위사람들에게 악선전하며 이간을 벼르고 있는 사람이 살고 있다.
이간자(소위 뒷북 치는 자)를 찾는 방법은 간단하다.

예를 들어 신자진생(申子辰生)이라면 오(午)가 재살(災殺)이니까 정남쪽에 사는 사람으로서 주로 적색계통의 옷을 즐겨입거나 얼굴의 혈색이 유난히 붉게 보이는 사람 또는 정반대자이다. 또한 언젠가는 나의 비밀을 낱낱이 고자질할 사람이다.

❀❀❀

천살(天殺)은 일명 군주(君主)라고도 하는 것으로 임금님 및 신주(神主)로 불리우는 말이다.

대개 낙천적 기질이 있다. 왜냐하면 영양분을 많이 섭취해서 태아가 잘 양육되어 만삭이 된 상태로 낙태가 될 위험이 없기 때문이다. 그러나 곧 탈퇴(탄생)를 앞두고 있으므로 필연적으로 보금자리를 떠나야 한다.

혈육과 고향의 분리다. 상속의 별인 양지는 장자나 양자로 상속의 수혜를 입는다. 또한 이 살은 삼합국의 처음 글자 앞의 글자로 조상, 영계(靈界), 예감, 전조 등을 뜻하여 이 글자를 충(沖)하면 집안의 어른이나 상사 조직, 직장 등에서 불편한 상황이 전개된다.

천살에 형파(刑破)들의 충격을 가하면 집안이 시끄럽고 일이

꼬이며 이해할 수 없는 사고가 발생할 우려가 있어 이를 천형(天刑)이라 했다.

평소에는 제사지내는 방향이 되기도 하고 집안 어른들이 오시면 후손인 본인에게 절을 받기 위해 정좌하는 위치가 된다. 그래서 일명 조상방향이라고도 불린다.

신(神)의 세계에서도 등급과 품계가 있는데 조상의 품계는 부처님이나 예수님이나 천주님의 등급에서 가장 낮은 단계이므로 조상방향에다 종교물을 놓아두는 것은 금기이기 때문에 천살(天殺) 방향으로 종교물을 놓아서는 안된다는 것이다.

천살(天殺) 방향은 학생들이 모자 벗고 절을 하는 방향이나 등교방향이 되며 진학의 목표학교가 있다.

천살이 경과하면 노이로제, 심장질환 등과 같은 신경성의 모든 병이 일시에 생긴다.(중풍, 마비질환 등) 또한 남들에게 손가락질을 받을 일이 생기고 염치가 없어진다.

직장인은 천살운을 만나면 왕을 만난 것과 같은 승진의 덕에 오른다. 진술축미(辰戌丑未) 사고(四庫)의 글자는 사주팔자 원국(元局)에 천살(天殺)과 월살(月殺)이 동시에 나타날 때가 가장 좋지 않다.

망신살과 천살이 합작하면 정신이 혼미해지고 결단을 내리지 못하는 상황에 빠지게 된다. 대개 이때는 이전이나 변동 등은 좋은 결과를 가져오는 법이 없고 가솔을 흩어지게 하고 조직 내 에서는 상사와 대립하게 된다.

반안(攀鞍)과 천살(天殺)이 충(沖)하게 되면 왕과 내시가 대립하여 부딪침을 의미하며 내시는 아얏소리도 내지 못하고 죽게 됨을 뜻하기 때문에 유구무언지상(有口無言之象)으로 풀이하여 본인은 일찍 죽거나 불구자가 된다.

그러므로 항상 살기 좋은 방법이란 서민은 왕을 모르고 사는게 배짱이 편할 것이다. 그래서 누구나 반안살(攀鞍殺) 방향으로 잠을 자게 되면 집안이 편하고 조용해진다는 것이다.

식구 중에 천살자(天殺者)는 아무리 투자해도 허탕이 되는 것이며 빚쟁이거나 나를 옴짝달싹 못하게 구속시키는 대상이 되기도 하는 것이 천살띠생이다.

지살(地殺)은 삼합 중 장생지지(三合 中 長生之地)라고 해서 좋은 뜻을 지닌다.

장생은 시작과 새로운 환경을 의미하며 이른바 귀인(貴人)으로 불리는 후견인이나 보호자를 만나게 된다. 한마디로 인덕(人德)이 있다 하여 인덕을 무시하고 독립을 꾀하면 대개는 실패한다. 이 살은 삼합국의 첫 글자니 선두에선 장수나 승용차에 비유되며 새로운 일의 시발(始發)이며 일의 초석을 의미하며 계획의 실행을 촉구하는 격인데 인수가 지살이면 문서나 학문 등의 글자로, 관살이면 직업, 재(財)이면 재물 즉 돈, 식신과상관은 부하나 아랫사람, 비견과 겁재는 형세의 변화를 기획하게 된다. 그러므로 지살이 많으면 변동과 변화가 무쌍해진다. 지살은 항상 장성살(將星殺)과 합하게 되어 있어 친하다. 지살은 외무장관에 장성살은 내무장관에 비유하기도 한다.

지살은 사람을 고객으로 확보하는 업에 종사하는 이들이 많고 주거지의 변동이 심한 편이다. 쓸데없이 분주한 경향을 띠기도 한다. 안정감을 잃었으므로 일지지살은 부부궁이 온전하지 않음을 시사한다. 여자명의 지살은 남편을 밀어내며 불화를 야기하며 별거와 생사별을 야기하는 요인이 된다. 지살은 수위의 글자라 지위가 높은 사람에 해당하고 단독출행보다는 시녀와 비서를 대동할 때가 많다.

시녀는 연살에 속하는데 사주에 지살과 연살, 이 둘을 갖추면 귀한 신분과 풍류를 상징하는 요소가 되기도 한다. 그러므로 사주에 천살과 지살과 연살이 모두 있으면 임금이 군마와 시녀를 거느리고 출행하는 상으로 부귀한 자로 간주한다. 그래서 지살(地殺)은 역마살(驛馬殺)을 좋아한다.

지살이 꺼리는 것은 육해살(六害殺)이다. 또한 육해살은 지살을 만나는 것을 꺼려한다. 외무장관을 안방에 틀어박은 것에 비유되며 그 집은 폐허 되었다고 생각하면 된다.

인신사해(寅申巳亥)년생이 육해년(六害年)인 자오묘유(子午卯酉)년을 만나면 화재, 관재, 구설, 교통사고 등이 생긴다.
즉, 寅-酉, 申-卯, 巳-子, 亥-巳 의 조합이 된다.
만약 지살에서 문제가 생기면 역마살년이나 역마살월에 해결이 된다. 육해(六害)가 역마동주(驛馬同柱)하면 소식불통이 된

다. 특히 육해살월에 제사를 잘 받들면 그 사람에게 막힌 일들
이 서서히 풀리게 된다.

최소한 평일아침에 육해살 방향을 향해서 합장(合掌)을 하고
'조상님 도와주세요'라고 소원을 빌게 되면 작은 소망은 반드
시 이루어진다. 일상생활에서도 육해살 방향을 깨끗이 치워 놓
게 되면 운이 좋아지고 목적이 잘 이루어진다.

∗∗∗

년살(年殺)은 목욕으로 부끄러움과 수치심을 모르는 벌거숭이 어린아이와 같은 것이다. 이것이 곧 도화(桃花)다.

유행에 민감하며 멋을 부린다. 세상물정을 전혀 모르고 사리에 어두운데도 감정과 기분만으로 겁 없이 덤비는 천방지축과 같아 욕패(浴敗)다. 시녀에 해당하는 상궁으로서 임금과 벽 하나를 사이에 두고서 왕을 위해 최고의 서비스를 제공하기 위해 몸단장을 하고 주야 대기 하고 있는 형상(形象)을 말한다. 목욕 시중, 의복시중을 들어주는 임무인데 특히 반복의 물상으로 늘 갈고 닦는다.(특히 씻는 일) 그러나 눈에 띄어 발탁이 되어 후궁자리라도 얻으면 일약 스타가 된다.

주로 내시를 통해 이루어지게 되므로 연살(年殺)은 내시인 반안살(攀鞍殺)을 좋아한다. 명주(命柱)가 인신사해(寅申巳亥)로 도화를 보면 양인(陽刃)이 곧 도화가 된다. 성정이 급하면서도 참을성이 있고 풍류를 즐기며 애정이 풍부하고 용모가 준수하다. 자오묘유생(子午卯酉生)은 도화의 글자가 인수의 성분을 띠게 되므로 대개 자비가 있고 임기응변이 뛰어나다.

水 도화는 요염, 음란의 전형이다.
木 도화는 보통 미색으로 사교에 능하다.
火 도화는 화술이 능하고 모방에 뛰어나다.
金 도화는 이재에 수완이 있고 책략에 능한 편이다.
인수와 상관이 도화이면 예술, 공작의 별로 구분한다.
사주에 도화가 있으면 대개 재기가 높고 총명과 현숙함이 풍기면서도 풍류에는 일가견이 있다.
내시와 상궁과의 관계이므로 팁 성분의 돈이 생기면 독식할 수 없는 성질의 것이다.
연살은 어느 정도 자기 아부를 하지 않으면 안되기 때문에 실리를 추구하기 위해서는 웬만한 수모를 겪는 것을 감수해야한다. 민첩한 행동과 함께 박식해야 한다. 또한 지루해도 참고 견디면 일약 내당마님으로서의 영전이 가능한 위치이므로 스타가 될 수 있다. 그러한 위치에 있기 때문에 궁녀에게는 월살(月殺)인 내당마님이 당연히 가장 무서운 존재가 된다.

사유축생(巳酉丑生)에게는 오(午)와 미(未)
해묘미생(亥卯未生)에게는 자(子)와 축(丑)
신자진생(申子辰生)에게는 유(酉)와 술(戌)
인오술생(寅午戌生)에게는 묘(卯) 와 진(辰) 이

이에 해당 된다 하여 연월살(年月殺)에 걸리면 그 일에는 반드
시 훼방요소가 잠재되어 있다는 말이다.
대운(大運:십년마다 바뀌어오는 운을 말한다) 이 연살(年殺)에
해당되면 교재비가 많이 나가는 사업을 하게 된다.

❀❀❀

월살(月殺)은 관대(官帶)와 부합된다. 순행육위(順行六位)로 내 당마님이다. 육체적으로는 성숙하나 정신적으로는 미숙한 상 태이며 한 마디로 싸가지가 없다. 시기와 반목과 대립이 강해 적대관계의 적이 많다.

월살(月殺)은 반역동조자인 재살(災殺)과 합(合)하게 되어 있고 참모하고는 충(沖) 하게 되어 있다.
유아독존의 기상을 가지지만 월살(月殺)이 형충(刑沖)으로 땅 이 열리면 불리하다. 입묘현상(入墓現狀)을 야기하는 까닭이 다. 예를 들면 신자진생(申子辰生)의 월살(月殺)은 술(戌)이 되 는데 진(辰)인 화개(華蓋)와 충(沖)이 되는 것이다.

이 살은 삼합이 뒷 글자를 충(沖)하여 보급을 막으니 군신 간을 막아 다 된 일을 좌절시키는 불리함이 있다.
또한 이 살은 삼합의 첫 글자와 격각(隔角=귀퉁이)이 되어 진격하는 군대의 앞을 가로막는 성벽이다. 강물 같은 장애물이 되는 것이다. 중단수가 있다.

그러므로 기대했던 시험의 낙방, 승진의 좌절과 같은 결과가 오기 쉽다.

그러므로 인신사해생(寅申巳亥生)은 월살(月殺)이 격각(隔角)이다.

자오묘유생(子午卯酉生)은 역마(驛馬)가 격각(隔角)이다.

진술축미생(辰戌丑未生)은 재살(災殺)이 격각(隔角)이다.

또한 삼합을 충(沖)하는 모든 글자는 격각(隔角)이 성립되니 이간, 방해를 암시한다. 특히 월살(月殺)은 삼합국의 앞의 글자와 중간의 두 글자와 모두 격각(隔角)이 성립되어 진행하는 일의 중단을 암시한다. 그리고 왕의 측근자는 처솔(妻率:처가의 친인척)이 대부분인 경우를 역사에서 흔히 보아왔던 것인데, 이런 경우 재살(災殺)은 내당마님에 대하여 확실한 정보요원 노릇을 하게 된다고 본다.

내당마님과 참모는 상충(相沖)하게 되어 있으므로 축미생(丑未生)이나 진술생(辰戌生)의 혼인 등은 아주 흉하다.

월살(月殺)은 보통 달로 본다. 종교성이 있다.

해자축년생(亥子丑年生) 부부에게서 월살(月殺)자녀가 출생했다면 그 아이 출생으로부터 개운(開運)이 되었다고 봐도 좋다.

또한 대운(大運)에서나 세월에서의 월살(月殺)은 사례금이나 위로금을 받는 것이고 상속성을 따질 때도 월살(月殺)이 기준이 된다.
생년(生年)이 월살자(月殺者)와 결혼하게 되면 처갓집 상속을 받거나 그와 유사한 처가 덕을 보게 된다.

월살자(月殺者) 남편 또한 처갓집을 부양하거나 처갓집 식구들이 다방면에 혜택을 입게 된다. 관대는 옷을 입고 있는 물상으로 남이 돈을 가져다주는 형국이다.

＊＊＊

망신살(亡身殺)은 건록(建祿)이다. 록(祿)은 합리적이며 성숙한 단계에 이르러 고정적인 수입을 말하며, 자립과 독립심을 상징함과 동시에 자수성가 하므로 자연히 육친의 덕이나 인덕은 박하게 작용한다.

또한 이 살은 장성(將星)의 앞에서 적장인 겁살과 대항하니 불가피한 시비나 구설 등의 쟁투가 발생한다. 그래서 겁살(劫殺)과는 충(沖)이 되고 육해살과는 합(合)이 된다.

왕의 은혜로 녹봉을 받고 갖은 행복을 누리던 자들이 왕의 정책에 반기를 들고 왕에게 미주알고주알 참견하며 누구 덕에 왕좌를 차지한 줄 아느냐? 국민을 우롱하고 차라리 그럴 바에는 왕위를 하야하라는 식의 불미스런 상황으로 설명된다.
국민들이 볼 때 "저런 상놈들이 있어!"하고 비난받게 되어 그

비웃음의 뜻이 망신살(亡身殺)이기도 하다.

사주(四柱)에 겁살(劫殺)이 있고 세월에서 망신이 도래하는 것보다 망신이 있으면서 겁살(劫殺)이 침범하는 게 더 더욱 시끄럽다. 즉 사건, 사고가 발생한다는 얘기다. 겁살(劫殺)과 망신(亡身)이 충(沖)하면 합작된 연결고리를 끊어내는 충분(沖分)의 상황으로 얻는 것 보다 잃는 것이 많다.

합작(合作)은 일단 명랑(明朗)한 기운을 북돋운다. 건록이 합작하면 재원을 확보하는 긍정적인 작용이 나타나고 겁살(劫殺)이나 망신(亡身)이 합작(合作)하지 못하면 한 점의 귀기를 찾기 힘들므로 연예인이라면 뒷전에서 노는 무희(舞姬)로 그치고 마는 식이다.

인신사해생(寅申巳亥生)이 망신을 만나면 병이 든다. 이를테면 뱀띠생의 망신은 신(申)이다. 사(巳)는 신(申)에서 병지에 놓인다. 이것은 분주히 움직여봐야 먹을 것이 적다는 얘기다.

자오묘유생(子午卯酉生)이 망신을 보면 제왕에 속한다.
이때는 망신의 합작이 발전하는 양상을 띠기 마련이고 진술축미생(辰戌丑未生)의 망신은 모두 입묘(入墓)에 속한다. 종래 사고의 글자가 형충하는 상황에 봉착하면 잃는 것이 많다.
일종의 왕궁에서 탈이 난 것으로 보기 때문에 신체부위 중에서도 병을 품고 있는 부분이기도 하다.

신자진생(申子辰生)은 해(亥)가 망신(亡身)이니 방광이나 이도(耳道)에 이상이 있게 되며 해묘미생(亥卯未生)에게는 인(寅)이 망신(亡身)이니 간과 담낭에 병이 있고 인오술생(寅午戌生)에게는 사(巳)가 망신(亡身)이니 심장이나 소장에 병이 있고 사유축생(巳酉丑生)에게는 폐나 대장에 병이 있다.

남편을 외도에서 귀가시키는 비법은 반안살 방향으로 머리를 두고 하체를 망신살 방향으로 두고 자면서 기다리면 고쳐진다. 보통 노인들은 말년 운에 망신살(亡身殺)을 만나면 사망하게 되는데, 이 경우는 옷이 발가벗긴 채로 망신스럽게 죽는 뜻이고 외롭고 추한 몰골로 죽는다는 뜻이므로 자궁암, 전립선암 등으로 죽게 된다.

그러나 망신살(亡身殺)을 대운이나 세운에서 만나면 재물은 최고의 실속 있는 발전을 기한다. 대인관계는 주로 족벌간이 되겠고 소위 빽 동원과 자금회전이 잘된다.

＊＊＊

장성살(將星殺)은 장수이며 사령관이다. 일시의 장성은 능수능란하고 능률적인 탁월한 인사임을 뜻한다. 이 사람은 좌절과 체념이 없고 끈기로 대성한다. 물론 임전(臨戰)해서는 목숨이 달아나도 후퇴란 없다. 그래서 충(沖)은 적군으로 보고 참모인 자문관 역할의 화개살(華蓋殺)은 합(合)이 되도록 배치되어 있다. 장성은 신살중에 가장 뚜렷한 길성의 지위를 갖추지만 이것은 대개 인신사해(寅申巳亥), 사생(四生)의 글자에 국한된다.

자오묘유(子午卯酉生)생이 장성을 만나면 같은 글자가 겹치는 범중(犯重)의 상황으로 불리한 현상이 나타난다.

망신과 마찬가지로 진술축미(辰戌丑未)생의 장성 또한 모두 입묘되는 오행관계를 이루어 결과가 신통찮은 한 해의 상황으로 전개되는 상황은 거개 사고(四庫)의 형충(刑沖)으로 인한 입고(入庫) 현상과 관련이 깊다.

또한 부정적인 결과를 야기하는 인합자(引合字)는 허자(虛字)의 일종으로 유인되는 진술축미의 글자가 명국에 존재하는 사고의 글자를 형충하며 해당오행 글자를 입고시키는 국면에서 찾을 수 있다.

이런 까닭에 장성을 살필 때는 허자(虛字)와의 관계를 고려하지 않으면 안된다.
가령 사년생(巳年生)이 유(酉)의 장성을 보면 자연 끌어오는 축(丑)의 글자를 말한다. 진술축이 사고의 형충을 입묘현상을 야기하여 시작에 비해 초라한 결과를 보기 쉬운데, 연지의 명주가 입고되는 상황을 가장 꺼린다.

생시에 사고의 글자가 있고 이것이 형충되는 유년에 명주가 입고되는 유형의 사주는 대개 매년의 말미에 고립되는 처지에 놓이기 쉽다.
장성살 방향에는 그 누구도 침범하지 못하게 꽉 막혀야 한다.
월벽(越壁)하지 못하도록 조치를 하면 그런 집에 사는 사람들은 절대로 패망하는 일이 없으며 발전이 비상한다. 만약 장성살(將星殺) 방향으로 창문이나 대문이 나 있으면 그 집은 가계가 엉망이 되고 만다.

특히 장성살(將星殺) 방향으로 통풍이나 출입이 되도록 지어진 집에 살고 있는 경우란 마치 삼팔선이 무너진 경우처럼 아군이

패퇴하는 경우라 생각하면 되겠다.

집안이 난장판화 되고 만다. 그러나 절체절명의 위기에서 나를 구해주는 사람이 장성살(將星殺)인 것이다.

관재사건 발생 시 장성살 띠의 변호사를 구하여 살길을 찾아야 성공하게 되고 사경을 헤매는 사람을 치료해 준 사람은 장성 띠 의사다.

남녀관계에서도 장성살자((將星殺者)와 상교(相交)하면 막혔던 일들이 순조롭게 풀리게 되고 쪼들리던 살림이 나아진다.

대운(大運)에서의 장성운(將星運)에는 학생은 회장을 지내고 직장인은 승진을 하며 사업인은 납품을 잘하게 된다.

참고로 묘생(卯生) 남편이 사생(巳生) 아내를 맞이하면 대개 백수가 되거나 두 사람 중 한 사람은 형벌을 당한다. 맞벌이가 대부분이지만 결국은 그 중 한 상대가 상대방의 재물을 탕진시키고 만다. 장성이 묘파성을 만난 까닭이다.

＊＊＊

반안(攀鞍)은 쇠지(衰地)에 속하여 좋은 환경에 여유를 가지고 조용히 물러서서 노련하게 실속을 차리는 것이다. 반안살은 장성살과 함께하면 어떤 사건도 두려워하지 않는다. 동시에 장성살이 형충으로 무력해지면 효용이 감소한다.

왕궁 직제 중 내시에 해당하는 것이다. 항상 군왕 옆에 기거하면서 갑자기 습격할지도 모르는 자객이나 외부의 적들을 물리침으로써 왕을 보필하는 인사이다. 때로는 어린왕자를 업어주거나 달래주거나 하는 등의 모든 행위는 절대적 비밀이라는 사실이 있는 방향이 반안살 방향이 되는 것이므로 그 방향에 비장물을 넣어두는 귀금속이나 비밀문서나 현금 등 모든 귀중품이면 모두 반안살 방향에 은밀히 숨겨져 있다.

금고나 장롱이 바로 반안살 방향에 놓이게 된다. 그리고 잠을 잘 때 장롱 방향으로 머리를 두고 자는 게 보통이며 특히 반안살 방향으로 머리를 두고 자면 좋은 운이 들어와서 봉급자는 승진이 순조롭고 사업이 번창하게 된다.

만약 반안살 방향으로 금고가 놓이지 않았으면 그 사업은 하향세임이 분명하고 그 반대방향인 천살(天殺) 방향에 놓여있거나 한 경우에는 파산기를 목전에 둔 환경이라는 것을 감지해야한다. 이 살은 대개 화개살과는 불편한 관계에 놓이기 쉽다.
왜냐하면 형충(刑沖) 관계가 성립되기 쉬운 까닭이다.
예를 들어 인오술생(寅午戌生)은 미(未)가 반안이요 술(戌)은 화개다. 술미(戌未)가 형(刑)한다. 사고의 글자를 행운에서 만나게 되면 입고현상의 불리함을 피해가기 어렵다.

반안과 장성, 역마살을 다 갖추면 사주는 귀격에 든다.(장수가 말을 타고 행차하는 물상)
반안은 겁살과 연살 모두가 합작하기 바라는 성분으로 영광을 상징한다. 그러나 반안의 글자를 형충되는 상황이 발생되면 불리함이 있다.

직원을 채용할 때 반안살 띠라면 그는 충복이 틀림없다. 반안살 일진에 반안살자(攀鞍殺者)를 향해 악담을 하면 그 재앙이 그대로 전달된다하여 말을 조심해야 한다. 비상시에 금전을 유통해주는 은인은 반안방향에 살고 있다. 급한일이 생겨서 피신할 때도 반안살 방향으로 간다. 왜냐하면 연고지가 있기 때문이다. 거실에서도 가장 따뜻한 곳이기도 하다.

원국(元局)이나 대운(大運)에서 반드시 반안살을 만나야 전문
직종으로 성공한다.

역마살(驛馬殺)은 군마(軍馬)라고도 하고 일종의 통신수단을 말한다. 방송, 신문, 그 외에도 대변활동으로 보면 된다. 언론 보도가 이것이다.

역마살(驛馬殺)이 관(官)을 지녔으면 고관이 되고 재(財)를 띠었으면 큰 재물을 누리게 되고 역마살(驛馬殺)이 시(時)에 있음을 좋아한다.

역마(驛馬)는 반안(攀鞍)을 좋아한다. 왜냐하면 말안장을 갖춘 미려한 말로 보게 된다. 그러나 역마는 장성을 싫어한다. 무거운 장수가 말을 타면 힘들어하기 때문이다.

특히 관재구설(官災口舌)을 당하여 갇혀있던 사람은 역마살(驛馬殺)이 와야 석방된다. 취직을 부탁하려면 역마살 띠에게 부탁하면 가능하게 되고 중매인은 주로 역마살 띠가 적합하다. 분쟁해결 등은 역마살 띠가 하게 된다.

사생(巳生)과 축생(丑生) 부부가 불화 시에 해생(亥生) 자녀 출생과 동시에 분쟁이 해결된다.

역마는 반안을 기뻐한다. 반면 반안이 빠진 장성은 기피한다. 더욱이 장성이 겹치고 역마가 외로우면 하격으로 전락하기 쉽다. 이를테면 자자(子子)가 인(寅)을 보거나 유유(酉酉)가 해(亥)를 보는 경우다.
식상과 인수의 역마는 유학, 교육지재다.
금마(金馬)는 자동차와 열차, 수마(水馬)는 배, 목마(木馬)는 마차, 화마(火馬)는 항공기, 토마(土馬)는 중장비에 비유된다. 역마는 병지에 놓여 어딘가 병적인 성향을 띠기 쉽다.

사주에 역마가 있으면 희노애락(喜怒哀樂)의 감정기복이 뚜렷하게 구분되는 경우가 많고 자주 싫증을 느끼고 변화를 도모하여 안정감이 떨어진다. 역마는 삼합국의 앞의 글자를 충(沖)하니 변동, 전환을 암시한다.

자오묘유생(子午卯酉生)에게는 상문(喪門)으로 작용하여 하는 일에 걸림돌과 같다. 화개와의 관계도 불편하다. 역마는 지살과 화개의 합작을 방해하는 요소가 되기 때문이다. 까닭에 진술축미생(辰戌丑未生) 또한 역마 자체를 반기는 경우는 드물다.
망신과 역마가 겹치면 관액으로 놀라고 불안한 심사가 되기 쉽다. 망신은 역마를 생하지만 역마는 망신을 병들게 하는 까닭이다. 예를 들어 범띠생의 역마는 신(申)이고 망신은 사(巳)다. 신(申)은 사(巳)에서 장생이지만 사(巳)는 신(申)에서 병지(病地)에 든다.

사생의 글자조합은 모두 이와 같다. 그런데 병지(病地)에 든 글자가 형충(刑沖)을 당하면 형액이 미친다. 즉 사생(四生)의 형충(刑沖)에서 병지(病地)에 속하는 글자의 육신에 형액이 미칠 공산이 크다는 이야기다. 병자형액(病者刑厄)이다. 역마가 공망되면 휴마(休馬)에 불과하고 역마가 귀인이면 병마절도사(兵馬節度使)격이다.

❀❀❀

육해살(六害殺)은 사지(死地)에 놓인다. 육체적인 노동보다는 정신적인 분야가 적합하다. 예술과 학술과 기예방면에 소질이 있고 지식을 연구하고 답습하는데 능하다.

육해살(六害殺)은 지름길이며 허리와 같은 중추적 역할을 한다. 목적지에 빨리 가기 위하여 지름길을 택하는 경우 그 지름길이 육해다. 부자가 되려면 육해살(六害殺) 행위를 하면 될 것이다. 이 살은 도화와 충(沖)이 되는데 춤추는 무녀(巫女)와 다투는 격이니, 병신(病神)을 유발한다고 했다.

사주에 육해가 많으면 치유가 어려운 병에 걸린다고 전해진다. 자오묘유(子午卯酉), 사패의 글자가 사수(四數)의 관계에 놓이면서 포태로 병지(病地)에 해당하는 글자가 육해에 놓이면 불리한 의미가 가중된다. 욕(浴)-사(死)의 충(沖), 육해가 수(水)에 있으면 정신이상, 목(木)에 있으면 신경계통, 화(火)에 있으면 기관지, 금(金)에 있으면 풍질(風疾)로 나타나기 쉽다고 했다.

육해는 천살과 합국을 이루므로 다루기 힘든 아랫사람과 같다.

사주에 육해가 겹치면 성질이 투박하고 변덕스러우며 발칙한 언행을 하는 경우가 많다. 행동은 민첩하나 신중치 않고 속전속결하려는 심사가 강하다. 육해살(六害殺)은 일명 의지살(依支殺)이라고도 한다.

지게를 의지하듯 말이다. 아내는 남편을 의지하고 남편은 아내를 의지하며 산다고 말 할 수 있다.
어떤 사유축(巳酉丑)년생이 자생(子生)이나 구(九)획 성씨의 남자와 혼인했다면 부덕을 많이 입게 되어 사위 덕에 집안이 살판이 난다. 또한 반대가 되면 처가 덕으로 집안 형편이 풀리게 된다.

부유하게 살려면 육해살(六害殺)은 깨끗하고 아주 매끈하게 타인이 보기에 손도 댈 수 없게 닦아두는 일이 중요하다.

＊＊＊

화개살(華蓋殺)은 묘지로 화려함을 덮고, 자숙한다는 암시다.
화개(華蓋)는 예술의 별이며 주로 고(孤)하다는 것이다.
고독이 영감으로 가는 유일한 통로가 아닌가?

화개(華蓋)는 12신살(神殺)에서 끝자리가 되며 그리움이 바로 시작되는 자리이니 끝이랄 수도 없고 시초랄 수도 없어서 곧 반복, 왕복의 뜻이 있다. 이 살은 삼합국(三合局)의 말미로 앞의 글자는 계획이오, 가운데 글자는 지도자며 끝은 뒤처리를 뜻하니 참모와 같다.

진술축미생(辰戌丑未生)이면 모두 화개살(華蓋殺)이 되는 것인데 선대의 몰락이나 잘못을 본인이 복고시켜야 하는 임무를 띠고 출생하게 된다. 부모상속을 받았더라도 일단 없애고 다시 복구하는 식의 반복적인 업무를 하게 된다.
그러기 위해서는 항상 공부하고 근면하며 반복된 행동을 끊임없이 해야 한다. 참모란 가끔 옳은 진언이 있더라도 내당 마님인 월살(月殺)이 입김을 넣으면 변색되는 것이니 그래서 살(月殺)과는 충(沖)이 되고 화개(華蓋)는 월살(月殺)을 싫어한다.

화개가 인수면 문장이 뛰어나다. 화개가 범중하면 머리가 비상해도 무능하고 나태하기 쉽다. 화개는 장성과의 합작으로 그 재능과 이름을 떨치게 된다. 화개살(華蓋殺)에 해당하는 사람은 나의 재기 활동에 도움을 주게 되는 사람이다. 이밖에도 어떤 사람이 사업에 실패한 후 그 사업을 부흥시키려면 화개살 띠를 만나 상의해야 가능하게 된다. 만약 화개 세운을 맞으면 대소사를 막론하고 과거사건이 재발 또는 재가동 된다.

합작방향개운법 (合作方向開運法)

좋은 운은 잠자는 방향에 달려 있다

❀❀❀

운이 닫히고 열리는 시발점이 잠자는 방향에 달려 있다. 선인
들이 말하기를 병(病)이 생기는 원인을 한마디로 '섭생과 취침
에 있다'고 했다. 마음 가고 손 가는 대로 먹고 깊은 숙면을 취
하면 몸과 마음이 상쾌해진다. 여행을 가서 평소에 자던 방향
과 다르게 잠을 자고 일어났을 때 하루 종일 피곤했던 경험들
이 한 두 번은 있었을 것이다. 또한 길흉은 모든 사람에게 일괄
적으로 적용 되는 게 아니다.

많은 사람들은 각자의 형편에서 구하려고 하는 많은 소원을 가
지고 살아가는데 이 세상에는 흔히들 되는 일 보다 안 되는 일
들이 더 많다고들 말한다. 병마에 시달리는 사람은 물론이려니
와 또 다른 고통에 얽매어 고민하면서 살아가고 있는 것이다.
어떤 고민이건 현재 생활에서 고애(苦哀)스럽다. 생각하는 사
람의 환경을 살펴보면 참으로 간단하게 설명되는 사실을 확인

하게 된다.

누구나 잠을 자는 두침 방향을 점검해 보기 바란다. 반드시 천살방향을 향하고 자면 저조한 운기가 이어지고 현재생활이 고통스러울 것이다.

반대로 여유 있고 활기찬 생활을 영위하려면 반안살(攀鞍殺) 방향을 향해 자길 바란다. 즉 누구에게나 반안살 방향으로 두침 하는 사이에 합작개운 방향에 의해 복성(福星)의 영향을 받아 소원이 척척 이루어지게 되지만 반대로 천살(天殺) 방향으로 두침하면 매사에 피곤한 사건만 연속 발생하게 되는 것이다. 그렇다면 각자의 천살(天殺)방향과 반안살(攀鞍殺) 방향을 알아두는 게 급선무다.

먼저 태어난 해의 열 두 띠를 기준으로 각각 셋씩 묶어 네 그룹을 만드는데 이상을 목명(木命), 화명(火命), 금명(金命), 수명(水命)으로 구분한다.

▶ 목명(木命)은 해묘미(亥卯未)로 돼지, 토끼, 양 띠에 해당하는 사람을 말한다.
▶ 화명(火命)은 인오술(寅午戌)로 범, 말, 개 띠에 해당하는 사람을 말한다.
▶ 금명(金命)은 사유축(巳酉丑)으로 뱀, 닭, 소 띠 생을 일컫는 말이다.

▶ 수명(水命)은 신자진(申子辰)으로 원숭이, 쥐, 용 띠 생이 해
　당된다.

목명(木命)은 진(辰)이 반안이 되고 술(戌)이 천살이다.

화명(火命)은 미(未)가 반안이고 축(丑)이 천살이다.

예를 들어 시계의 12시 방향을 정북(正北)에 맞췄을 때 목명(木
命)은 4시 방향으로 머리를 두고 자는 게 최선이다.

반대로 10시 방향으로 두침(頭寢) 한다면 저조한 운기가 이어
진다. 기혼자는 남편을 위주로 하므로 남편을 따르면 된다.

장성살(將星殺) 방향과 색상은 재액(災厄)을 부른다

❀❀❀

암(癌)으로 인한 괴로움은 장성(將星)이라는 살성(殺星)과도 깊은 인연이 있다. 보통 각종 암에 걸려 죽음으로 이르는 경우가 많다. 이때는 보통 집의 대문 방향이나 침실의 방향을 최우선으로 점검해 볼 필요가 있다.

가장(家長)의 생년 띠를 기준으로 공간(空間)의 중심점에서 방문이나 대문이 장성살(將星殺) 방향으로 나 있으면 질병으로 시달리는 가족이 있는 경우가 많다.

해묘미(亥卯未) 띠에 해당하면 묘(卯)가 장성이고 인오술(寅午戌) 띠에 해당하면 오(午)가 장성이다.

사유축(巳酉丑) 생은 유(酉)가 장성이고 신자진(申子辰) 띠에게는 자(子) 가 장성살(將星殺) 이다.

시계의 12시 방향을 정북(正北)에 맞추었을 때 '돼지, 토끼, 양' 띠에 해당하면 3시, '범, 말, 개' 띠라면 6시, '뱀, 닭, 소' 띠는 9시, '원숭이, 쥐, 용' 띠는 12시 방향이 장성살 방향에 속한다. 장성살(將星殺)이란 글자 그대로 높은 지위의 우두머리와 같아 쉽게 노출되거나 공격의 대상이 되어선 위태하다는 뜻이 있다. 그러므로 집이나 영업장의 대문이 장성방향(將星方向)으로 나면 항시 외부의 위험에 무방비 상태로 놓인 격이라 큰 타격을 입기 쉽다.

전시에 사령부는 후방에서 지휘해야 하는데 노출되어 점령당하기 쉬워 몹시 불리한 것과 같다. 또한 그런 이유로 의상이나 이불, 침대보 등이 장성에 해당하는 색상이어도 좋지 않다.
자(子)는 오행(五行)의 수(水)로 흑색(黑色)이고
묘(卯)는 오행(五行)의 목(木)으로 청색(靑色)이고
오(午)는 오행(五行)의 화(火)로 적색(赤色)이고
유(酉)는 오행(五行)의 금(金)으로 백색(白色)에 속한다.

그러므로 쥐띠가 흑색의 옷을 입거나 돼지띠가 청색의 옷을 즐겨 입거나 범띠가 적색의 옷을 즐겨 입으면 건강에 악영향을 미친다. 병이나 탈이 나기 쉬울뿐더러 각종 재액(災厄)이 침범하기 쉬우니 삼가해야할 일이다.
공교롭게도 시험이나 면접같이 중대한 일이 있을 때마다 장성의 색상으로 옷을 입고 응시하는 경우 결과는 나쁘다.

조상이 주는 선물은 제사방향에 달려있다

✿✿✿

대다수의 사람들이 흔히들 말하는 행운은, 조상이 주는 선물로 생각한다. 여기에는 여러 가지 이견이 있을 법 하지만 어쨌든 조상에게 제사를 올리는 절차와 예법은 매우 소중한 문화유산이다.

제사를 지낼 때는 집안의 종손(宗孫)을 기준으로 반드시 천살(天殺) 방향으로 절을 올려야 한다. 의도적이든 의도적이 아니든 반드시 천살(天殺) 방향으로 제사음식을 차리고 특히 음식물중에는 쇠고기를 제물로 올리고 절을 하면 그 집안과 가족에게는 난치병자가 발생하는 경우가 거의 없다.

조상제사를 단순히 유교사상에 바탕을 둔 예절정도로 보아서는 안 된다는 것이고, 거기에 심오한 진리가 있고 이를 잘 실천하면 기상천외한 개운(開運)이 된다.

병풍을 활용해서 방향을 정하면 제사지낼 준비는 완료된 것이고 이것만 지키면 모든 후손들이 불치병에 걸리는 일이 없고 모두들 건강히 살아가게 되니 장수하는 비법도 터득한 셈이 되는 것이다.

종교적으로 부모와 조상신을 인정하지 않는 가정에서도 간단히 기도를 올릴 때에도 장손(長孫)의 생년(生年)을 기준하여 천살(天殺) 방향으로 향해서 기도를 드리는 것만 지키면 효과는 마찬가지로 나타난다.
종손이 '돼지, 토끼, 양' 띠에 해당하면 술(戌)이 천살(天殺)이고 '원숭이, 쥐, 용' 띠 에게는 미(未)가 천살(天殺)이다.
시계의 12시 방향을 정북(正北)에 맞추었을 때 종손이 '돼지, 토끼, 양' 띠에 해당하면 술(戌)의 10시 방향으로 조상께 제를 지내야 한다. '범, 말, 개' 띠는 1시, '뱀, 닭, 소' 띠는 4시, '원숭이, 쥐, 용' 띠는 7시 방향이 천살(天殺) 에 속한다.

종손이 사망했을 경우에는 종손의 후손이 승계하여 후손해당자의 띠를 기준으로 천살방향(天殺方向)을 정한다.
제사의 예행(禮行)은 각각의 종교예식에 맞추어도 무방하지만 방향만큼은 철저히 바로잡아야 좋다.

북향제배를 해야 한다는 속설로 음식을 북으로 차려놓고 지낸다는 말이 있는데 모르고 하는 소리다.

질병과 생활 풍수

✿✿✿

풍수(風水)란 바람과 물을 나타내는 말이다. 다시 말해 바람을 막고 물을 가두어 좋은 환경을 일컫는 말이기도 하지만 근본적인 발상은 탈신공개천명(奪神功改天命) 정명론(定命論)을 벗어나 개운(開運)을 해보자 하는 인간의 노력인 것이다.

즉, 좋은 조건의 좋은 환경이 되면 기분이 좋아서 발복(發福)한다는 생각이다. 좋은 에너지가 생겨 건강한 신체가 건강한 정신을 낳게 하고 건강한 체력은 심한 질병도 스스로 퇴치하게 되는 것이다.

질병이란 질병에 걸려 일찍 요절하고 질병이 자꾸 재발하는 등 참으로 사람들을 괴롭게 하는 것인데 몇 가지 생활풍수를 점검해 본다면 항상 풍요롭고 건강한 생활을 누릴 수 있게 되는 것이다.

첫째, 화장실이나 하수구의 배수시설이 막히지 않도록 하는 것이다. 이것은 인간이 살기 위해서는 식사와 배설 이 두 가지는 필연적이기 때문에 배설이 안 되면 온 몸에 독이 퍼져 죽는 이치와 같다. 보통 가운(家運)이 기울어 중환자가 있는 집에는 어느 날 갑자기 하수구가 막히거나 화장실이 자주 막히는 일을 겪을 때가 많다.

배수구에 이상이 나타나면 액운(厄運)의 전조로 여겨 집안을 두루 살펴 배수시설을 철저히 점검해야 한다. 이곳에서는 신체의 전부 및 일부분을 노출해야 한다.
그 중에서도 종족보존을 위한 생식기와 직접적인 관련이 있다. 그런 이유로 욕실과 화장실의 관리는 삶에서 매우 중요하다 할 수 있다. 늘 청결을 유지하는데 신경을 써야 함은 두 말할 나위가 없다. 풍수에서 물의 흐름은 건강과 돈에 직결되는 문제다. 배수가 좋지 않다면 모든 것이 막히게 된다. 하수구가 막히지 않도록 자주 점검해야 하는 이유가 여기에 있다.
민속에 집에서 기르던 개가 음소(陰所)를 찾아다니며 흙을 파고 신발짝 따위를 물어뜯으며 천 조각이나 쓰레기를 하수구에 넣어 구멍을 막으면 그 집에서 초상이 난다 했다.

둘째, 기존에 있던 배수 및 하수구를 폐쇄해서는 절대로 안 된다.

셋째, 전등이 오래 되어 깜빡깜빡 거리도록 방치해서는 안 된다.

넷째, 천살(天殺) 방향으로의 두침(頭寢)을 반드시 피한다. 가능한 반안살(攀鞍殺) 방향으로 두침하고 방문을 재살방향으로 나있는 곳으로 침실을 바꾼다. 침구색도 재살방향의 색으로 바꾼다.

다섯째, 발병자(發病者)가 치료를 받는 병원의 정문이 장성살(將星殺) 방향으로 나 있을 경우 일시치료가 된다 하더라도 재발하는 등 근본적인 치유가 되지 않는다는 것을 알아야 한다.

여섯째, 약국문의 방향이 환자의 띠 기준으로 장성살(將星殺) 방향으로 문이 난 약국에서 지어 쓰는 약 중에 진통제를 제외한 모든 약은 절대로 효과가 없다는 것을 알아야 한다. 예를 들면 화명(火命)인 말 띠라면 6시 방향으로 향해서 난 약국 문이 난 곳에서 약을 지으면 효과가 없다.

일곱째, 하수구로 나가는 방향이 육해살(六害殺) 방향으로 나게 되어야 한다. 그러기 위해서는 땅의 경사가 맞아야 할 것이다. 예를 들어 목명(木命)인 해묘미(亥卯未) 생이라면 육해살(六害殺)은 오(午)가 되어 정남향(正南向)으로 나아가야 한다. 하여간 어떤 경우이건 장성살(將星殺) 방향의 대문이나 방문은 총체적으로 운명에서 나쁜 작용을 하는 것이기 때문이다. 외박이 잦거나 가출이 심한 사람은 거개는 모두가 장성살(將星殺) 방향으로 문이 되어 있는 집에서 살고 있다.

발병(發病) 시기와 병(病)에 관한 고찰(考察)

✸✸✸

질병이 발병하는 시기와 병의 유형 등을 알 수 있는 방법이 있다. 12신살(神殺)로 병(病)의 유형과 원인을 찾는 방법은 사상체계의 네 가지 그룹으로 나누어 천살(天殺)과 반안살(攀鞍殺) 등의 두 가지 인자(因子)에서 찾을 수 있다.

천살중기(天殺中氣)의 선천수(先天數)에 발병(發病)하면 중병(重病)이다

✿✿✿

▶ 목명(木命)/해묘미(亥卯未)년생의 경우 목명(木命)의 천살은 술토(戌土)인데 술(戌)에 들어 있는 지장간의 중기는 신(辛), 정(丁), 무(戊) 중에 정화(丁火)를 병원(病源)으로 풀이하면 된다. 정화(丁火)는 신체부위에서 심장을 나타내며 그 밖에도 소장이나 열(熱)을 나타내는 정신병 또는 혈압질환 등인데 일단 이 부위가 발병하면 중병일 가능성이 높다. 병이 나타나는 때는 언제인가?

여기에는 선천수(先天數)의 개념을 적용하는데 대략 나이의 끝수가 '6'이나 '4'에 해당될 가능성이 높다. 치료는 물론이고 수술까지 해야 하는 중병으로 보면 될 것이다.

반대로 반안살(攀鞍殺)은 진토(辰土)인데 진(辰) 중에 을(乙) 계(癸) 무(戊)가 들어 있으며 그 중에 중기(中氣)인 계수(癸

水)가 병원(病源)인데 계수(癸水)는 신장이 되는 것이고 비뇨기계통이 되는 것이며 나이의 끝수가 '5'나 '0'인 나이가 되었을 때 그런 모든 증상들이 나타나게 되지만 가벼운 증세로 보는 것이므로 간단한 치료만으로 쾌유되는 것이다.

▶ 화명(火命)/인오술(寅午戌) 년생의 경우 축(丑)이 천살(天殺)이며 미(未)가 반안살(攀鞍殺)이 되는 것인데 축(丑)중에 중기(中氣)로서 병원(病源)을 삼게 되고 이는 중병이므로 외과적 수술이나 사망에 이를 만큼 큰 병이 분명하다.
신금(辛金)은 중기(中氣)에 해당되며 신체부위에서는 폐(肺)를 대표하고 폐암이나 같은 중병이다. 또한 대장도 같다. 발병나이는 신금(辛金)은 선천수(先天數)로 나이의 끝수가 '7'이나 '3'이다.
경미한 병(病)은 미(未)에서 찾게 되는데 미(未)중에 정(丁), 을(乙), 기(己)가 들어 있는바 중기(中氣)인 을목(乙木)으로 발병하게 되고 또 을목(乙木)은 간(肝)과 눈(目)을 주도하는 인자(因子)이기 때문에 이는 신경성(神經性)의 병으로 현대인들이 요즘 많이 겪는 안과계열이나 B형 간염 같은 경미한 것이다. 간단한 약물치료 등으로 치유될 수 있는 것이다.
다음으로 발병나이는 을목(乙木)의 선천수(先天數)는 8 이니 나이의 끝 숫자가 '2'나 '8'이 되는 해에 발병하게 된다.

▶ 수명(水命)/신자진(申子辰) 년생의 경우 중병이라면 미(未)

중 을목(乙木)으로 큰 병을 삼고 축(丑) 중에 신금(辛金) 으로 작은 병으로 삼는 것이니 인오술(寅午戌) 년생의 경우와 정반대로 계산하면 되는 것이다. 따라서 나이의 끝수가 '2'나 '8'이 되는 해에 발병하면 중병이겠고, '3'이나 '7'일 때 발병하면 가벼운 병이니 염려할 것은 없다 하겠다.

▶ 금명(金命)/사유축(巳酉丑) 년생의 경우 사유축(巳酉丑) 년생의 천살(天殺)은 진(辰)이고 술(戌)은 반안살(攀鞍殺)이 되므로 중병의 발병(發病) 추리(推理)는 진(辰)의 지장간에 을(乙), 계(癸), 무(戊)가 있으며 계수(癸水)가 중기(中氣)이므로 신체로는 신장과 비뇨기계통에 발병이 될 것이고 발병연령은 나이의 끝수가 '5'나 '0'인 띠에 해당된다. 사유축(巳酉丑) 띠의 반안살(攀鞍殺)은 술(戌)이니 술(戌)중에 신(辛), 정(丁), 무(戊)가 있으며 정화(丁火)가 중기(中氣)에 해당되고 선천수(先天數)는 6이므로 나이의 끝수가 '6'이나 '4'에 해당되며 심장과 소장 등의 발병이 경증(輕症)으로 나타나게 되며 가벼운 약물치료 등으로 치료될 수 있음은 물론이다.

※ 발병 월(月)을 추리 할 시는 합작이론(合作理論)을 적용한다. 예를 들어 계수(癸水)가 병원(病源)이라면 발병은 신자진(申子辰) 중 진월(辰月)이나 신월(申月)이나 자월(子月)에 일어나게 된다.

※ 평소에 장성살 방향으로 문이 나지 않은 방에서 거처하고 그 방 중심에서 반안살 방향으로 두침하며 그 가문의 종손이 제사방향을 엄수했을 경우 이 모든 개운합작 방향법을 인위적으로라도 지키기만 하면 모두에게 질병으로부터 해방되리라 생각한다.

■ 격각(隔角)이란?

귀퉁이의 글자를 말한다. 삼합을 충(沖)하는 모든 글자는 격각(隔角)이 성립되니 이간, 방해, 장애를 나타내고 중단수의 발동이다. 특히 월살은 삼합국의 앞의 글자와 가운데 중간의 두 글자와 모두 격각(隔角)이 성립되어 진행하는 일의 중단을 암시한다.

■ 선천수(先天數)

- 갑기자오(甲己子午) 9(九)수
- 을경축미(乙庚丑未) 8(八)수
- 병신인신(丙辛寅申) 7(七)수
- 정임묘유(丁壬卯酉) 6(六)수
- 무계진술(戊癸辰戌) 5(五)수
- 사해(巳亥)   4(四)수

✿✿✿

모든 시험에 합격을 기원하려면 시험당일 수험생의 띠를 기준
으로 장성살(將星殺)에 반대되는 재살(災殺)에 해당하는 색상
의 옷을 입히도록 권하는 것이다.

재살(災殺)이란 장성살(將星殺)을 효과적으로 제압하는 성신
(星辰)으로 수험생의 생년 즉 띠를 기준으로 '돼지, 토끼, 양'
띠에 해당하면 유(酉)가 재살에 속한다.

'범, 말, 개' 띠라면 자(子), '뱀, 닭, 소' 띠는 묘(卯)이고, '원숭
이, 쥐, 용' 띠에게는 오(午)가 재살(災殺)이다.
오(午)는 오행(五行)의 화(火)로 적색(赤色)이고,
묘(卯)는 목(木)으로 청색(靑色)이고,
유(酉)는 금(金)으로 백색(白色)이고,
자(子)는 수(水)로 흑색(黑色)에 속한다.

시험이나 면접 계약 등의 중대사를 앞두고는 장성살(將星殺)에 대치되는 재살(災殺)의 색상을 입히는 게 상책이다.
이것만 시행하면 뜻은 이루어진다.

재살(災殺)은 새로운 변화의 계기가 되는 동시에 관대(冠帶)와 합작(合作)되는 성질을 띠기 때문이다.
해묘미생(亥卯未生)은 백색(白色), 인오술생(寅午戌生)은 흑색(黑色)
사유축생(巳酉丑生)은 청색(靑色), 신자진생(申子辰生)은 적색(赤色)이
재살(災殺)로 행운의 색상이 되는 것이다. 또한 학교의 정문이 장성살(將星殺)방향으로 난 곳을 피해야 한다.

수험생들에게 책상의 바른 배치는 여간 중요한 일이 아니다. 책상의 위치도 중요하지만 이보다 더 신경을 써야할 대목은 책상에 앉은 수험생의 방향이 어느 곳 어느방향을 바라보는 자세로 앉느냐의 문제다. 시선이 천살(天殺)방향으로 향해 책상에 앉은 학생은 거의 예외 없이 우등생이다. 천살(天殺)의 반대 방향이 되는 반안(攀鞍) 방향으로 향하면 성적은 하위권이다.

학생의 띠를 기준으로
'돼지, 토끼, 양' 띠에 해당하면 술(戌)이 천살(天殺)이고
'범, 말, 개' 띠라면 축(丑)이 천살(天殺)이다.

'뱀, 닭, 소' 띠 생은 진(辰)이 천살(天殺)이다.
'원숭이, 쥐, 용' 띠에게는 미(未)가 천살(天殺)이다.
시계를 12시 정북(正北)에 맞추었을 때
술(戌)은 10시, 축(丑)은 1시,
진(辰)은 5시, 미(未)는 7시 방향에 속한다.

이를 테면 토끼띠의 학생이 술(戌)의 방향을 앞으로 바라보는 책상에 앉아 공부하면 그는 필시 우등생이다. 또 이런 배치로 책상을 옮겼다면 성적이 날로 향상되는 결과를 본다.

닭띠라면 진(辰)의 방향으로 시선이 향하는 책상이어야 성적이 우수하다. 반대로 술(戌)을 바라보는 책상 배치라면 성적은 하위권이다. 또한 품행에도 영향을 미친다.

이 밖에도 입사시험이나 공무원채용시험이나 고등고시를 준비하는 사람들까지도 각자 공부하는 자세가 천살(天殺)방향을 바라보면서 공부하는 자세가 아니고서는 시험에 합격되는 이변은 일어나지 않는다.

방의 구조나 조명에 따라 책상이 놓여지게 되는데 전혀 무의식적이면서도 해당 학생의 띠로 따져볼 때 반안살(攀鞍殺) 방향으로 바라보는 자세로밖에 앉을 구조라서 그대로 배치된 책상에서 공부하게 되면 무조건 성적은 하향곡선을 그리게 되는 것이고 그 당시에 집을 이사했거나 형제자매끼리 방을 바꾸었던 일을 반드시 가지고 있었다는 것이다. 다른 조건들은 다 충족되어 책상을 맞는 방향으로 정했어도 마루나 거실 등으로 나와 밥상이나 다른 간단한 탁자 따위를 놓고 반안살(攀鞍殺) 방향으로 공부했어도 열등생으로 떨어진다.

결론적으로 요약하면

첫째, 그 방의 출입문이 장성살(將星殺)방향으로 나있지 않으면서 육해살(六害殺)방향에는 창문이나 출입문, 환기구 등이 나 있어야 한다.

둘째, 책상을 놓아두는 방향의 점검이다. 책상이나 탁자 등이 없다면 그냥 바라보는 자세만이라도 방향을 지키면서 책을 읽을 수 있도록 하면 되는 것이다.

셋째, 일반인에게 모두 좋다는 반안살(攀鞍殺)방향으로 머리를 두고 자야 하는 것을 지키면 되는 것이다.

넷째, 시험을 치를 때는 반드시 장성살(將星殺) 색상으로 된 옷을 입지 않는 것이 좋다.

※ 천살(天殺)방향은 총명과 수기(秀氣)를 상징하는 상관기(傷官氣)가 작동하기 때문이다.

이사를 잘해야 발복(發福)한다

✸✸✸

옛날 어른들 말씀에 '음식'은 가려 먹지 말아야 복을 받지만 '이사'는 가려서 해야 발복(發福)한다는 말이 있다. 보통은 손(客) 없는 날을 잡아 이사를 많이 해서 이사관련 운송업체는 이 날이 무척 바쁘다고 한다.

이를 태백살(太白煞)이라고 하는데 정통한 학설은 아니지만 술을 좋아하는 이태백이 '공짜 술'을 얻어먹는 묘법이란 것이다. (손이 있는 방향에서는 '공짜 술'이 생기지 않는다는 뜻이다.) 음력날짜를 기준으로 1·2일은 동방에, 3·4일은 남방에 5·6일은 서방에 7·8일은 북방에 손이 있고, 9·10일에는 손이 없어서 9일과 10일에 이사하는 경우가 많다는 것이다.

이 외 삼살방(三煞方)이나 대장군 방위를 흉하다 해서 절대로 그곳으로 가면 안 된다고 손사래를 치는 시중 술객들이 더러 있는데 그냥 무시해도 무방하다. 그런데 묘하게도 사람들이 이사를 하게 되면 동서남북 사정(四正)의 방향으로 가는 경우가 드물고 대체로 이사를 하게 되면 살던 집에서 동북, 동남, 서북, 서남의 네 방향으로 옮기게 된다.

이들의 방위는 팔괘(八卦)로 건(乾), 손(巽), 간(艮), 곤(坤)의 방위에 속하게 된다.
십이지(十二支)로 서북의 건방(乾方)에는 술해(戌亥)가 속하고 동남의 손방(巽方)에는 진사(辰巳)가 속하며 동북의 간방(艮方)에는 축인(丑寅)이, 서방의 곤방(坤方)에는 미신(未申)이 각기 배당된다.

이사는 일단 반안살(攀鞍殺) 방향으로 움직일 때가 가장 이상적이다. 예컨대 한 집안의 가장이 돼지띠라면 동남쪽의 손방(巽方)으로 이사했을 때 건강이 좋아지고 발복(發福)을 하며 축재(蓄財)의 발전이 이어진다.

반대로 천살(天殺) 방향으로 이사하게 되면 틀림없이 이전보다 더없이 좋은 환경으로 이사하게 되며 아랫사람이나 식솔이 늘게 되는 비상한 발전이 따르는 동시에, 집안의 어른이 별세하거나 천살(天殺) 띠에 해당하는 가족이 죽는 곡절을 겪게 된다. 반드시 가족이 떨어지는 현상으로 나타난다. 비록 반안살(攀鞍殺) 방향으로 이사했었다 해도 문(門)의 방향이 합작개운법(合

作開運法)에 부합되지 않았다면 재앙을 당하는 것을 피할 수 없는 것이다.

▶ 천살(天殺) 방향으로의 이사 및 합작 개운법(合作 開運法)
천살(天殺)의 본래의 뜻은 군왕(君王)의 자리이고 천살(天殺)이 삼합(三合)을 이루는 것은 망신살(亡身殺)과 육해살(六害殺)을 대동한 것으로 힘보다는 상징적으로 높은 자리이다. 그리하여 부모님이나 윗분 어른들과 함께 살 주거지가 아니다.

분명한 것은 천살(天殺)이란 신분의 격상을 말하는 것이라 할 수 있다. 이러한 이유로 이 외의 형태는 고급화된 주택으로 옮겨가서 살림살이나 가구들도 늘어나게 될 것이다. 그러나 군왕(君王) 이상의 권좌는 없는 것으로 보아 이사문제도 천살(天殺) 방향으로 간 이후에는 더 이상 올라갈 수 없다면 쇠퇴해지는 논리에 따라 운의 퇴조를 예고하는 것이라 보면 틀림없을 것 같다.

이미 천살(天殺) 방향으로 이사를 하였고 부모님을 모시고 살고 있고 자기 자식들 중에 천살해당자(天殺該當者)가 있을 경우는 어떻게 해야 할 것인가?

합작 방향 개운법(合作 方向 開運法)을 활용하여 육해살(六害殺) 방향이나 연살(年殺) 방향으로 반드시 환기구나 통문을 설치하고 가족들이 떨어져 사는 지혜를 가져야 할 것이다.

예를 들어 해외로 유학을 떠나거나 지방으로 하숙을 하거나 식솔들이 흩어져 살아야 한다. 가족들이 충효사상에 너무 극진하여 모여 살기를 고집한다면 스스로 재난을 자초하는 어리석은 행동이 되고 말 것이다. (즉 떨어져야 산다!!)

▶ 월살(月殺) 및 화개살(華蓋殺) 방향으로의 이사

월살(月殺) 방향으로 이사할 때는 십중팔구 귀인의 도움이나 혜택 원조에 힘 입어 이사한 경우다.

예를 들어 직장근무를 위한 관 사택의 이사 같은 것이다. 화개살(華蓋殺) 방향으로의 이사는 대개 형편이 좋지 않을 때다. 또 분가했다가 부모와 다시 합치는 반복되는 양상이 펼쳐진다.
다음으로 외교관으로 외국에 나가 있다가 귀국 후에 행해지는 이사 또는 어느 동네에 살았다가 사업이 번창하여 좋은 주택으로 이사(이 경우에는 천살방향으로 이사했을 것이지만), 사업의 부도와 파산 등과 같이 어쩔 수 없는 사정으로의 이사는 모두 화개살(華蓋殺) 방향으로 옮기게 되는 것이다.

반복물상이 곧 화개(華蓋)다. 대개는 가계의 위축으로 불편한 이사가 된다. 물론 화개살(華蓋殺) 방향으로의 이사를 실행했을 때에도 생활방법은 장성살 방향(將星殺 方向)의 문을 폐쇄하여야 하고 두침(頭寢)은 반안살(攀鞍殺) 방향으로 지켜야 함은 물론이다. 만약 기혼자라면 남편방향으로, 미혼 남녀라면 모두 각자 띠의 방향으로 지켜야 함은 물론이다.

합작 방향 개운법을 지키면 발복하게 된다.
끝으로 이사하는 시기는 이사하는 방위에 배속된 십이지(十二支) 글자의 선천수(先天數)를 참작하면 잘 들어맞는다. 선천수(先天數)도 진(辰)과 술(戌)은 5, 축(丑)과 미(未)는 8에 속한다.

장사가 잘되는 합작방향 개운법

❋❋❋

백세시대에 퇴직한 많은 사람들이 돈벌이의 대안으로 음식점을 생각한다. '먹는장사가 그나마 낫지 않을까'하는 생각으로 뛰어든 외식업에서 성공사례는 몹시 드문 것이 현실이다. 새로 문을 연 음식점 가운데 90%가 1년 안에 폐업을 하고, 창업 3개월 이내에 문을 닫는 경우도 허다하다.

하물며 지금 같은 최저임금제 하에서는 더 말할 나위가 없다.

세상에 쉬운 일은 없다. 어느 일, 어느 분야건 실패의 원인을 진단하려면 끊임없이 분석해야 한다. 그리고 타인의 성공비결을 무조건 따라한다고 해서 좋은 결과를 볼 가능성은 거의 없다. 똑같은 장소, 똑같은 맛으로 줄을 서서 기다려야 할 만큼 북적대던 음식점이 주인이 바뀌어서 파리만 날리는 경우로 문을 닫게 되고 파리만 날리던 김밥장사가 주인이 바뀌어서 대박나는 경우를 종종 보아왔을 것이다.

바로 옆에 자리 잡은 같은 업종의 음식점은 손님으로 북적대는데 내 식당은 손님 한 사람 없이 파리만 날려 문을 닫게 되는 현상도 보아왔을 것이다.

이러한 모든 현상은 합작방향에 달려있다. 그렇다면 장성살(將星殺) 방향이나 반안살(攀鞍殺) 방향을 점검해 보아야 한다.

장성살(將星殺) 방향에 문이 나있다면, 아무리 입지조건이 좋아도 거의 모두 실패로 끝날 공산이 크다. 재차 강조하건대 출입구가 장성살(將星殺) 방향으로 나면 절대 안 된다. 장성살(將星殺) 방향의 출입구는 폐쇄하고 당장 정반대편의 재살(災殺) 방향으로 문을 내야 패운(敗運)을 면한다.

차선책으로 가장 이상적인 보조문의 입구는 육해살(六害殺) 방향이다. 이곳으로 문을 하나 더 두면 언제든 활로(活路)가 모색되기 마련이다. 하늘이 무너져도 솟아날 구멍이 있다는 얘기다.

육해(六害)방향은 다음과 같다.

'돼지, 토끼, 양' 띠는 정남(正南)으로 6시 방향

'범, 말, 개' 띠는 정서(正西)로 9시 방향

'뱀, 닭, 소' 띠는 정북(正北)으로 12시 방향

'원숭이, 쥐, 용' 띠는 정동(正東)의 3시 방향이 이에 해당한다.

한마디로 현상유지는 되는 방향인 것이다.

생년을 기준으로 공간(空間)의 중심점에서 볼 때 '원숭이, 쥐,

용' 띠는 정북(正北), '돼지, 토끼, 양' 띠는 정동(正東), '뱀, 닭, 소' 띠는 정서(正西), '범, 말, 개' 띠는 정남(正南)으로 난 대문에서 장사를 하면 운(運)이 막힌다. 이때는 즉시 폐쇄하거나 혹은 다른 쪽으로 문을 하나 더 내야 한다. 장성방향의 정반대로 통로를 하나 더 만들거나 아니면 육해방향으로 문을 내야 최선의 처방이라 할 수 있다.

또 한 가지 중요한 것은 금고의 위치다.(카운터도 이에 해당됨) 금고는 무조건 반안 방향으로 두라. 다른 것은 다 잘못되어도 이것만 지키면 최소한 적자(赤子)를 내는 법은 없다.

해묘미(亥卯未)생은 4시 방향의 동동남(東東南)
인오술(寅午戌)생은 7시 방향의 남남서(南南西)
사유축(巳酉丑)생은 10시 방향의 서서북(西西北)
신자진(申子辰)생은 1시 방향의 북북동(北北東) 방향이 바로 반안 방향(攀鞍方向)에 속한다.

점포나 사무실 등의 출입문을 따질 때는 그 건물 전체의 출입문을 보는 것이 아니고, 자기 점유공간의 중심점에서 점포나 사무실의 문만 보면 된다.

무병장수 건강식품에 관한 고찰

❋❋❋

하늘로 향해 머리를 두고 서 있는 사람이라면 어느 누구라도 질병에 감염되지 않고 오래 살고 싶은 것이 최대의 희망이자 목표일 것이다. 제대로 잘 섭취한 식품은 약이 되지만, 잘못 섭취한 식품은 독(毒)이 되므로 이를 섭취하면 이내 발병하고 마는 것이다.

이러한 조화를 잘 이해하여 섭취한 식품은 완벽한 보약이 되는 셈이니 조화롭게 섭취할 수 있다면 그밖의 약 따위는 필요치 않은 것이다. 그리고 질병에 걸릴 이유도 없을 것이고 질병에만 자유롭다면 누구나 건강하게 오래살 수 있게 될 것이다.
그렇다면 사람에 따라서 자기의 체질(體質)에 맞는 음식을 이해 한다면 가능할 것이다.

이제마 선생님의 사상의학(四像醫學)체계도 맥을 같이 한다.

약식동원(藥食同源)이라 하지 않았던가.

장생불사(長生不死)의 경지에 이르지는 못해도 적어도 무병장수하게 백세 정도는 살 수 있다는 것이다. 결론부터 말해보면 어떤 경우이건,

첫째, 망신살(亡身殺)에 해당하는 동물의 고기를 먹지 않으면 질병에 말려들 흉사는 발생하지 않는다는 것이다. 이론적 이유는 망신살(亡身殺) 중기(中氣)는 삼합국(三合局)의 힘을 뺀다는 것이다. 자식이 어미의 기(氣)를 빼앗는 경우로 해석 될 수 있을 것이다. 해(亥) 중에는 무갑임(戊甲壬)의 지장간이 있다.

예를 들어 무진(戊辰)년생의 경우라면 해(亥)가 망신살(亡身殺)이니 돼지고기를 먹지 말라는 뜻이고 돼지고기를 피하는 것 만으로도 항상 건강하게 지낼 수 있게 된다는 뜻이다. 신자진(申子辰) 년생이 사소한 병에 걸린 경우는 반드시 돼지고기를 먹은 후에 생긴 발병임을 알게 될 것이다.

둘째, 자기 나이 띠의 동물에 해당하는 것을 식용으로 삼지 말아야 한다. 즉, 사람이 식인(食人)을 하고 개가 개고기를 먹었다면 이미 자기 체내에 누적 되어있던 기운(氣運)의 포화상태를 과포화하게 부채질을 한 셈이니 독(毒)이 되어 발병 할 수밖에 없다는 것이다.

과식은 모든 질병의 원인이 되기 때문이다. 돼지띠가 돼지고기

를 자주 먹는다면 과식이 되어 질병이 발생하게 된다는 것이다.
셋째, 천살(天殺)에 해당하는 것 들을 섭취하면 독이 된다는 것
이다. 만약 해묘미(亥卯未) 띠가 개고기를 먹었을 경우에도 절
대로 건강에 도움이 되지 못한다.
온몸에 열이 나는 등 신체적 이상현상을 보이게 되는 경우도
몸에 맞지 않는 식사를 한 셈이다. 사유축(巳酉丑) 띠가 회를
먹거나 인오술(寅午戌) 띠가 쇠고기를 상식(常食)하거나 신자
진(申子辰) 띠가 염소고기를 보약으로 알고 먹은 것이 독이 된
다는 것이다.

넷째, 천살(天殺)에 반대되는 반안살(攀鞍殺)에 해당하는 것들
을 먹게 되면 이것이 보신식이 되고 곧 약이 되는 것이다.

▶ 신자진(申子辰)띠는 축(丑)이 반안살(攀鞍殺)이 되므로 수시
로 쇠고기를 먹으면 되는 것이다. 초식동물의 식원(食源)이 풀
이므로 채식 또한 가능하다. 참고로 36 금수에서 축(丑)은 소,
게, 자라에 해당되어 게나 자라도 효용이 있다.

▶ 사유축(巳酉丑)띠는 술(戌)이 반안살(攀鞍殺)이 되므로 개고
기를 상식(常食)하면 보신식이 분명하다 하겠으나 환경상 쉽지
않기 때문에 개가 즐겨먹는 뼈다귀식품(곰탕, 설렁탕 등)을 자
주 먹도록 하고 발효 식품 종류의 젓갈이나 장유(醬油:들기름)
또한 효용이 있다. 참고로 36 금수에서 술(戌)은 개, 이리, 승냥

이 등이다.

▶ 인오술(寅午戌)띠는 미(未)가 반안살(攀鞍殺)이므로 양고기나 염소고기를 먹으면 되는 것이고, 보급이 용이하지 못한 환경이라면 이런 경우는 채식을 많이 하면 효용이 있다.(양, 염소, 소 는 초식동물이기 때문이다) 36 금수에 미(未)는 양, 매, 기러기 등이 있다.

▶ 해묘미(亥卯未)띠는 진(辰)이 반안살(攀鞍殺)이므로 용에 해당된다. 용은 상상의 동물이므로 용은 물고기나 어패류 등이 해당되며 생선이나 회 종류를 상식(常食)하면 되는 것이다. 36 금수에 진은 용, 교룡, 물고기가 이에 해당된다.

▶ 참고로 이미 이런 저런 이유에서 보신식을 잘못 먹었을 때는 이내 발병하거나 부작용이 일어나게 되는데, 이럴 때 민간요법으로 사용했던 방법이 있는데 비상시 알아두면 편리할듯하다.

예를 들어 돼지고기를 먹고서 부작용이 생겼다면 돼지의 생육(生肉)을 태워서 그 가루를 곱게 처리하여 온수에 소량만 타서 복용하면 부작용은 사라지게 된다. 아무리 독한 물체라도 원형을 소화(燒火)하여 재(灰)로 하면 무기질로 되어버리기 때문에 해독작용이 되는 것이다.

또한 병을 앓고 난 후에 식욕을 잃어서 식사를 하기 싫을 때나 평소에도 식욕을 돋우려면 식사할 때 앉는 방향은 자기생년(自己生年) 기준으로 '화개살(華蓋殺)' 방향을 바라보고 앉아서 식사를 하면 식욕이 되살아난다. 인오술(寅午戌)띠라면 술(戌)이 10시 방향이 되겠다.

이상적인 배우자 합작방향개운법

✸✸✸

남녀관계를 놓고 자주 회자되는 말 중 하나가 바로 '화성남자, 금성여자'다. 그런데 왜 하필이면 화성에서, 금성에서 각각 남자와 여자가 왔다고 했을까?

오행(五行)의 관계로 화(火)가 남편이면 화(火)가 극(剋)하는 금(金)이 아내가 된다. 역으로 금(金)의 아내는 화(火)의 남편에게 극(剋)을 당하는 부부의 합을 이루게끔 돼있다. 바로 화성남자와 금성 여자가 관계된다. 반면 화성여자 금성남자라는 말은 성립이 안 된다. 왜냐하면 화성여자라면 불의 화(火)를 극(剋)하는 물의 수(水) 즉, 수성남자와 배연이 되기 때문이고 금성남자는 쇠의 금(金)으로 극하는 나무 목(木) 즉 목성여자와 연분을 맺어야 하기 때문이다.

사상의 목화금수(木火金水)는 각각 동남서북으로 방위가 구분

된다. '돼지, 토끼, 양' 띠는 목명(木命)에 속하고 '범, 말, 개' 띠는 화명(火命), '뱀, 닭, 소' 띠는 금명(金命), '원숭이, 쥐, 용' 띠는 수명(水命)에 해당된다. 이중 '범, 말, 개' 띠의 화성 남자라면 사는 곳에서 정서(正西)의 방향에 이상적인 금성 여자와의 인연이 예정돼 있는 것으로 보면 틀림없다.

역으로 '뱀, 닭, 소' 띠의 금성 여자는 정남(正南) 방위에서 이상형의 연분을 맺을 가능성이 높다. '범, 말, 개' 띠의 화성 여자는 정북의 수성 남자와 깊은 인연을 맺는다.
'뱀, 닭, 소' 띠의 금성 남자는 정동(正東)의 목성 여자와 인연이 깊기 마련이다.
'돼지, 토끼, 양' 띠의 목성 남자는 사는 곳을 기준으로 동서남북 사정(四正)의 방향에서 이상적인 이성 연인을 찾기 어렵다. 반면 목성 여자는 정서(正西) 방향에서 연분을 찾을 수 있다.
'원숭이, 쥐, 용' 띠의 수성 여자는 사정의 방향으로 좋은 이성의 인연을 찾기 어렵다. 반면 수성 남자는 정남(正南) 방향으로 배우자의 인연을 능히 기대할 수 있다.

자신이 기거하는 방문이 장성살(將星殺) 방향을 피해 있어야 하고 상대방 역시 장성살(將星殺) 방향으로 문이 있어서는 안 된다는 것이다. 자신의 띠가 을사(乙巳)생 남자라면 유(酉) 방향, 즉 서(西)쪽으로는 문이 완전히 막혀야 된다는 말이다.
물론 차선책은 있다. 유(酉) 방향의 문을 폐쇄할 수 없다면 반대방향에 해당하는 재살(災殺) 방향인 묘(卯) 방향으로 문을 하나 내면 악조건은 면하게 된다.

이상적인 배우자를 만나려면 특별히 주목할 방향이 있다. 남자는 반안(攀鞍)방향, 여자는 천살(天殺)방향에 길(吉)한 인연이 있다. 반대로 남자가 천살(天殺)방향에서 배우자를 구하거나 여자가 반안(攀鞍)방향에서 연분을 맺으면 최악의 결과를 보기 쉽다.

천살(天殺)방향에는 남편을 해치는 상관(傷官)의 기운이 작동하고 반안(攀鞍)방위에는 처(妻)를 극(剋)하는 겁인(劫刃)의 기가 내포된 까닭이다.

- 돼지, 토끼, 양띠는 술(戌)의 서서북 10시 방향
- 범, 말, 개띠는 축(丑)의 북북동 1시 방향
- 뱀, 닭, 소띠는 진(辰)의 동동남 4시 방향
- 원숭이, 쥐, 용띠는 미(未)의 남남서 7시 방향이 천살(天殺)방향에 속한다.

남자는 천살(天殺)방향의 인연을 가급적 피해야 하고 여자는 이곳의 인연을 놓치지 말아야 한다.

천살(天殺)방향에서 나타난 남성과 결혼하면 부귀는 따놓은 양

상이 된다. 막상 어쩔 수 없는 환경이라서 사용하는 방문의 구조가 장성살(將星殺)로 밖에 나 있을 수 없는 경우에는 만나는 상대자는 반드시 학벌이나 생활환경 등의 배경이나 대화가 통할 리가 없다.

물론 사람에 따라서는 이런 조건에 살던 사람이라도 구애작전은 성공하는데 구애에 성공한 경우라도 반드시 어느 한 사람의 욕심에 찬 흑막이 있다는 것이다. 오래 사귀던 애인이 있으면서도 이를 숨긴다던지 비뚤어진 마음을 가지고 있는 사람의 구애방법이 되겠다. 남녀를 불문하고 정략결혼은 십중팔구 천살(天殺)방향에 인연이 있다.

행운을 부르는 색상에 관한 고찰

풍수에서는 색상을 매우 중요시하고 색상이 지닌 의미 따위를 매우 중시한다.

파란색은 청산과 시작, 정화를 의미하므로 정신적인 안정을 도모한다. 초록색은 봄의 시작과 같이 싱그러운 기운을 담고 있어 이별의 슬픔으로 상처받은 사람이나 별거중인 사람이 녹색 식물이나 소품을 가까이 두면 빠른 시일에 상처를 잊고 새로운 사랑을 시작할 수 있다고 말한다.

빨간색은 젊음과 활기찬 에너지를 말하며 동쪽의 문을 사용하는 공간 등에 빨간색 소품을 사용하면 떠오르는 태양처럼 열정적이고 도전적이고 원기 왕성한 기운을 받을 수 있다는 식이다.

돈은 곧 황금색이므로 서쪽 벽을 노란벽지로 바르면 금전 운이 곧장 상승하는 비법의 하나로 강조할 정도다.

보라색은 우아하며 흰색은 청결의 상징이고 분홍색은 황홀한 연애감정을 북돋우고 이러한 것들을 요소요소에 맞추어 배합한다.

하지만 진짜 행운의 색상은 따로 있다. 자신에게 맞는 행운의 색이 다 각각이라는 얘기다.

"여성은 도화(桃花)의 색상이 최고다"

신자진(申子辰) 년생은 유금(酉金)의 백색(白色)

인오술(寅午戌) 년생은 묘목(卯木)의 청색(靑色)

사유축(巳酉丑) 년생은 오화(午火)의 적색(赤色)

해묘미(亥卯未) 년생은 자수(子水)의 흑색(黑色)이 도화(桃花)의 색상으로 행복한 운수를 부르는 비결이 된다. 한마디로 자신에게 맞는 컬러로 옷부터 잘 입어야 한다는 얘기다. 특히 '범, 말, 개' 띠의 부인이 청색(靑色)을, '뱀, 닭, 소' 띠의 부인이 붉은 색상의 옷을 즐겨 입으면 남편의 출세에 도움이 된다.

"육해살(六害殺) 색상은 남편에게 불리하다"

남편이 상을 당하는 날 부인은 꼭 육해살(六害殺) 색상을 입고 있는 경우가 허다하다. 육해살(六害殺)에는 여성의 연분이 되는 남자, 즉 관(官)의 성분을 해치는 상관기(傷官氣)가 강력하게 작용하기 때문이다.

해묘미(亥卯未) 년생은 오화(午火)의 적색(赤色)
사유축(巳酉丑) 년생은 자수(子水)의 흑색(黑色)
신자진(申子辰) 년생은 묘목(卯木)의 청색(靑色)
인오술(寅午戌) 년생은 유금(酉金)의 백색(白色)

이 육해(六害)의 색상으로 여성이 이에 해당하는 색깔의 의복을 입었을 때는 다투거나 헤어지는 등의 불미스런 일이 발생하기 쉽다. 맞선이나 소개팅에서 여성의 생년, 띠로 따져 육해(六害) 색상의 옷을 입고 나왔다면 좋은 관계로 이어지길 기대하는 마음은 접는 게 좋다.

연인들의 일상적 데이트에서도 여성이 육해(六害) 색상의 옷을 입고 나온 날은 어김없이 다투기 쉽고 심하면 절교선언이다. 단 인오술(寅午戌) 년생의 여성이 육해(六害)의 색상인 유금(酉金)의 백색(白色) 옷을 입었을 때는 예외다. 오히려 소소한 재물들이 따른다.

남녀(男女) 공히 불리한 색은 '장성(將星)'의 색상이다.

'돼지, 토끼, 양' 띠는 청색(靑色)
'범, 말, 개' 띠는 오화(午火)의 적색(赤色)
'뱀, 닭, 소' 띠는 유금(酉金)의 백색(白色)
'원숭이, 쥐, 용' 띠는 자수(子水)의 흑색(黑色)이 이에 해당한다.

특히 남자가 장성(將星)색상의 의복을 입으면 애정운에 금이 가기 십상이다. 남자가 장성(將星)색상의 옷을 입고 여자가 육해(六害) 색상의 옷을 입고 만나면 이별을 강력하게 암시하는 상황이 펼쳐진다.

보통남자는 '재살(災殺)'의 색상이 행운을 불러 온다.

'돼지, 토끼, 양' 띠라면 백색(白色)
'범, 말, 개' 띠는 흑색(黑色)
'뱀, 닭, 소' 띠는 청색(靑色)
'원숭이, 쥐, 용' 띠는 적색(赤色)이 재살(災殺)의 색으로 중대사가 걸린 당일에는 반드시 행운의 색상을 갖추는 게 좋다. 또한 구애나 화해를 청할 때도 재살(災殺)의 색상이 한결 유리하다.

미용에 도움이 되는 색상

❀❀❀

남녀를 막론하고 누구나 외모에 관심이 없는 사람은 거의 없을 것이다. 특히 여성들은 예쁘고 아름다운 미모를 갖추고 싶어 하는 욕망이 무엇보다 클 것이다.

기본적인 생김새는 유전적 요인으로, 부모의 몫이겠으나 마음 과 피부 등의 변화는 합작방향 개운법(合作方向 開運法)을 잘 활용하면 충분히 가능하다.

장성살(將星殺)과 반안살(攀鞍殺)과 재살(災殺)을 살펴서 주목 하기 바란다.

예를 들어 신(申), 자(子), 진(辰) 년생에게는 장성살(將星殺)은 자수(子水)이고 반안살(攀鞍殺)은 축토(丑土)이며 재살(災殺)은 오화(午火)가 된다. 이들을 다시 색상으로 표현해보면, 장성살 (將星殺)은 자(子)가 검정이 되고 반안살(攀鞍殺)은 축이니 외 형으로는 황색이지만 축중(丑中) 중기(中氣)인 신금(辛金)을 써서 흰색으로 봐야한다.

재살(災殺)은 오화(午火)이니 빨간색을 말한다.

신자진(申子辰)년생에게는 위의 세 가지 색상은 삼원색이라고 보아도 될 것이다.

이제껏 색상을 대수롭지 않게 여겨왔겠지만, 절대 그렇지 않다. 색상을 따지는 일은 매우 중요한 역할을 한다. 한 예로써 진열된 많은 옷 들 중에서 장성살(將星殺)을 제외한 반안살(攀鞍殺) 색상과, 재살(災殺) 색상의 물건을 구입하였다면 확실한 물건을 저렴한 가격으로 샀을 것이다.

길한 색상으로 화장을 하고 그 색상의 옷을 입고서 중요한 사람을 만났다면 그 결과는 매우 성공적이 될 것이다. 남성과의 교제에서 실패했었거나 시험 등에서 낙방의 고배를 마셨었거나 했던 경험이 있었다면 그 당시에 입었던 옷이나 화장품 따위가 불길한 색상이었을 것이다.

무신(戊申)년생이 절교를 당했거나 선언했다면 그 당시에 눈썹 화장도 검게 칠하여 유난히 모습이 검게 보여 졌을 것이고 당시의 의상도 검정색 정장이었거나 신발 따위도 검정으로 착용하고 있었을 것이다.

예컨대 신자진(申子辰)년생의 남자가 검은 머리를 기르고 이마를 가리면 불길한 장성의 색상 범위가 더 넓어져 액운(厄運)이 침범할 가능성이 한층 높아지고 반대로 행운(幸運)의 폭이 좁아질 수밖에 없을 것이다.

또한 병오(丙午)생의 자녀가 엉뚱하게 머리를 붉은색으로 염색을 하고 다녔다면 절대로 운기(運氣)가 좋을 리 만무하다. 이렇게 운(運)이 저조하면 원래 남의 말을 잘 안 듣게 되는 법이다.

신자진(申子辰) 년생의 남자가 유행에 따라 긴 머리를 하고 다닌다면 검정색의 범위가 많이 넓어진 셈이 되므로 액운(厄運)의 범위가 넓어지고 반대로 행운의 폭이 좁아질 수밖에 없을 것이다. 좋은 화장품을 사는 방법도 이른바 길한 색상에 해당하는 것들을 골라서 샀다면 최소한 값도 저렴할 뿐 아니라 질도 좋고 그런 화장품으로 화장을 하고 데이트에 응했다면 그 결과는 좋을 수밖에 없다.

인오술(寅午戌) 년생에게는 오화(午火)가 장성살(將星殺)이고, 미토(未土)는 반안살(攀鞍殺)이며, 자수(子水)는 재살(災殺)이니 빨강색과 파랑색과 검정색이며 여기서 장성살(將星殺)인 빨간색상은 불길한 색이다.

다음으로 사유축(巳酉丑) 년생의 장성살(將星殺)은 유금(酉金)이고 반안살(攀鞍殺)은 술토(戌土), 재살(災殺)은 묘목(卯木)이며 백색, 빨간색, 청색이 된다. 흰색만이 불길한 색이지만 우리

국민은 백의민족으로 재난을 반감한다.

마지막으로 해묘미(亥卯未) 년생은 묘목(卯木)이 장성살(將星殺)이니 청색이 가장 불길한 색이 되고, 반안살(攀鞍殺)은 진토(辰土)인 진중(辰中) 계수(癸水)를 써서 검정색과 재살(災殺)이 유금(酉金)이므로 흰색이 되는데 여기서 검정색과 흰색은 길한 색상이 되는 것이다.

만약에 해묘미(亥卯未) 년생을 애인으로 사귀고 있었는데 어느 날 파란 옷을 입고 나타났다면 그는 나를 경계하고 있다는 징표이고 또한 여성이라면 생리중이라는 신호이니 조심스레 대처해야 할 것이다.

■ 색상조견표

생년 \ 색상	3 원 색		
	흉(凶) 장성살	길(吉) 반안살	길(吉) 재살
신자진(申子辰)	흑색	백색	적색
인오술(寅午戌)	적색	청색	흑색
사유축(巳酉丑)	백색	적색	청색
해묘미(亥卯未)	청색	흑색	백색

숫자가 행운을 부른다

＊＊＊

사람들은 태어날 때부터 각종 숫자를 부여받는다. 하도낙서에
서 나타났듯이 방향에 따른 고유의 숫자가 있다.

자(子) 방위는 1, 6
오(午) 방위는 2, 7
묘(卯) 방위는 3, 8
유(酉) 방위는 4, 9

신자진(申子辰) 년생의 경우 장성살(將星殺)의 반대방향인 재
살(災殺)방향이 오(午)에 해당되기 때문에 2, 7 이 행운의 숫자
가 된다.
인오술(寅午戌) 년생의 경우는 1, 6 이 해당되며
해묘미(亥卯未) 년생의 경우는 4, 9 가 해당되며
사유축(巳酉丑) 년생의 경우는 3, 8 이 행운을 부르는 고유의

숫자가 된다.

개개인의 핸드폰 번호나 주로 사용하는 번호 등을 띠에 부여된 숫자를 사용하면 그것이 행운을 가져다준다. 띠를 기준으로 재살(災殺)방향의 숫자가 행운의 숫자가 되는 것이다.

명리(命理)는 세상사 일반의 가치에 따라 올바르고 떳떳한 길을 가는 것을 높이 평가한다. 상궤(常軌)를 이탈하는 운명은 대개 하격(下格)의 범주로 몰아넣기 때문이다. 하지만 세상 일이 뜻대로 잘 될리 만무하다.

우리가 흔히 말하는 "실력은 있는데 시험 운이 없다"는 사람들이 적지 않다. 애초에 실력 자체를 갖추지 못한 경우도 있지만 최선의 노력을 다하고도 등용문에 오르지 못하는 불운한 인사들도 많은게 현실이다. 동양의 운명론에 '가능한 요령껏 살자'라는 말이 있다.

실패가 겹치면 새로운 묘수를 띄울 필요도 있는 것이다. 우리의 시간과 공간은 그 수치로 점철된다. 어차피 피해갈 수 없는 운명이라면 치열하게 부딪히고 성과를 내는 즐거움에 몰두하는 게 현명한 일이다. 몇 가지 역술적 조언도 귀담아 들을만하다. 보통 많은 이들이 응시하는 큰 시험의 출제경향은 공통된 추세가 있다.

문제가 아주 어렵지도 않고 쉽지도 않으며 기초와 원리에 충실

해야만 풀기 용이한 내용이 주를 이룬다.

하지만 형편이나 사정이 여의치 않을 때면 단기간에 걸쳐 집중적인 학습으로 얼마든지 효과를 본다. 결코 바람직한 방법은 아니지만 시간이 급할 때는 꾀를 부릴 수도 있다.

이 방법은 시험을 앞두고 최종정리 할 때도 유용하게 활용할 수 있는 방법이니 알아두면 참고가 될 만하다.

숫자의 도출은 생년을 기준으로 천살(天殺)에 속하는 여기(餘氣)의 선천수(先天數)를 활용한다.

예를 들면 '돼지, 토끼, 양' 띠는 교과서나 참고서를 공부할 때 끝자리가 '3' 페이지, '7' 페이지에 해당하는 부분을 보다 철저히 익혀두라는 이야기다.

'범, 말, 개' 띠는 '5'와 '0' 페이지

'뱀, 닭, 소' 띠는 '2' 와 '8' 페이지

'원숭이, 쥐, 용' 띠는 '4'와 '6' 페이지를 집중적으로 살펴 요약하면 이곳에서 특별히 많은 문제가 출제됨을 확인할 것이다.

보통 객관식 문제로 출제되는 경우는 응시자의 생년보다 시험이 치러지는 태세(太歲)를 기준으로 천살(天殺) 여기(餘氣)의 선천수(先天數)를 도출해서 중요 숫자를 걸러낸다.

예컨대 올해 무술(戊戌)년의 천살(天殺)은 축(丑)이다. 축(丑)에는 계신기(癸辛己)의 장간이 각기 여기와 중기와 정기로 배속

되어 있는데 이 중 여기에 속하는 계(癸)의 선천수(先天數)는 '5'이므로 객관식의 정답은 단연 '5'만이 높은 확률을 나타낼 것이다.

기축년(己丑年)이라면 천살(天殺)은 진(辰)이다. 진(辰)에는 을 계무(乙癸戊)의 장간 중 여기에 속하는 을(乙)의 선천수(先天數)에 주목한다.

을(乙)의 선천수(先天數)는 '8'인데 이를 '10'에서 빼거나 더한 수치 즉 '2'와 '8'에 의미를 부여하는 것이다. 각종 시험의 객관식 정답으로는 단연 '2'번이 높은 확률을 나타낼 것이다.

다시 정리하면 어느 해에 시험을 치를 때면 천살(天殺)의 여기(餘氣)에 속하는 선천수(先天數)에 해당하는 페이지에서 시험 출제의 개연성이 높다. 또한 숫자가 정답으로 정해질 가능성이 높다. 예컨대 올해 중요한 모든 시험을 앞둔 원숭이띠의 수험생이라면 공부할 때 특히 '4'와 '6' 페이지를 집중적으로 정리하고 학습한다.

다음으로 '2'와 '8' 페이지에 해당하는 부분을 꼼꼼히 살핀 다음 시험에 응하면 좋은 운을 실감하게 된다. 그리고 객관식 문제의 정답에 확신이 서지 않을 경우에는 주로 '2'번의 답을 찍는 것이다. 그러면 좋은 결과가 있을 것이다.

화개살(華蓋殺)은 월살(月殺)을 기피한다

✹✹✹

뤼쉰(魯迅)의 화개집(華蓋集)에 보면 다음과 같은 詩 구절이 나온다. "운이 화개와 만났거늘 무엇을 또 바라랴! 감히 몸을 피하지도 못했는데 이미 부닥치고 말았네" 한마디로 화개를 나쁜 운으로 본 것이다. 하지만 화개는 다양하고 깊은 뜻을 함축하는 말이다.

명서(命書)에 화개는 반드시 부정적으로만 묘사되어 있지 않다. 문장력과 예술적 감각이 뛰어나고 항상 책을 가까이 하며 각고의 노력으로 근면성실성을 갖추었다고 말한다. 다만 성격은 일면 괴팍함을 면키 어렵다는 것이다.

화개는 장묘(葬墓)의 뜻을 품어 속세와 등진 종교인이나 예기(藝妓)의 팔자로 회자되어 왔는데 그래서인지 중국에서 화개란 곧 나쁜 운명을 뜻하는 명사로 쓰인다. 또한 옛날 왕후장상의 수레위에 씌우는 일산(日傘)을 뜻하기도 해서 귀인(貴人)을 만나면 정계에서 높은 지위를 갖기도 한다는 것이다.

화개는 끝자리인 동시에 새로운 시작의 전초에 있으므로 시초
도 말미도 아닌 반복과 왕복의 뜻을 지닌다.

과거의 미진하고 어두운 역사를 회복해야 할 사명을 띠고 태어
나는 정해진 운명이 있다. 선대의 몰락을 말할 수 있다. 부모의
상속을 받아도 그것을 지키지 못하며 다 잃고 다시 재건하는
식의 반복된 상황이 펼쳐진다.

학업도 중단되기도 하므로 휴학이나 복학 등의 중단수가 있다.
이처럼 팔자(八字)에 화개살(華蓋殺)을 지닌 사람은 대체로 행
운과 불운이 교차하며 성패를 반복한다.

그러다 한판의 도약으로 크게 성공하여 탄탄대로를 달리기도
하는데 이것은 화개살(華蓋殺)이 품은 상관(傷官)과 겁재(劫財)가
인보상관(刃輔傷官)의 모양새로 조화를 이룰 때 일어나는 현상
이다.

화개는 추상작용과 언어기능 등 정신적 작용을 하는 상관(傷官)의
성분이 깃든 까닭으로 화개에 해당하는 사람은 역량이나 능력
따위를 모아서 다시 일어설 수 있도록 조언하고 성원한다. 이 때
물질적인 도움보다는 정신적 '홀로서기'를 지원하는 편이다.

화개(華蓋)의 인연은 재회와 재결합하는 경우가 많다. 화개(華

蓋)의 운을 맞이하면 대소사를 막론하고 과거의 사건이 재발되는 특징이 있다.

해묘미(亥卯未)년생은 미(未), 인오술(寅午戌)년생은 술(戌) 사유축(巳酉丑)년생은 축(丑), 신자진(申子辰)년생은 진(辰)이 각각 화개(華蓋)에 해당된다.

진술축미(辰戌丑未) 사고(四庫)의 글자가 곧 화개(華蓋)에 해당된다.
화개(華蓋)는 월살(月殺)을 기피한다. 월살(月殺)은 상궤(常軌)를 이탈하게 하는 요인이 된다. 기껏 노력하고 애쓴 화개(華蓋)의 결과를 헛수고로 만드는 게 월살(月殺)이다. 예컨대 돼지띠가 소띠를 만나거나 소띠가 양띠를 만나면 중단수가 발동한다.

월살(月殺)에는 대개 인수(印綬)와 정관(正官)이라는 성분을 공통적으로 품는데 시비투쟁과 분란의 위기에 놓이기 쉽다는 뜻이다.
'돼지, 토끼, 양' 띠는 소띠, '범, 말, 개' 띠는 용띠, '뱀, 닭, 소' 띠는 양띠, '원숭이, 쥐. 용' 띠는 개띠가 각기 월살(月殺)에 속한다. 진술충(辰戌沖), 축미충(丑未沖)의 관계가 곧 월살(月殺)과 화개살(華蓋殺)이다.

현출(顯出)한 아이 출산개운법(出産開運法)

✺✺✺

남녀를 불문하고 기혼자라면 현출(顯出)한 아이를 낳아서 가문을 빛내고 이름을 떨치길 바랄 것이다. 자녀의 출산문제는 오직 조물주의 영역이고 고유권한 쯤으로 알고 있는 실정이다. 그러나 합작방향(合作方向)을 이해한다면 아이의 성별조정은 물론 똑똑한 두뇌를 가진 아이를 출산할 수 있는 것이다.

산실(産室)문이나 병원(病院)문이 재살방향으로 향한 곳에서 출생하였으면 천재성을 지니고 태어나 공부를 비롯한 모든 일이 물 흐르듯이 순조롭게 진행된다. 여기서 주의할 것은 병원의 경우, 산실(産室)의 문을 보는 것이 아니고 그 병원에서 제일 큰 정문을 보는 것이다.

공부성적도 대수롭지 않고 남이 보기에도 별스럽지 않은 듯하나 좋은 학교에 입학도 잘 하고 어떠한 경쟁에서도 곧잘 입상을 하는 등 큰 노력 없이 행운을 얻는 아이들을 보면 태어난 병원(病院)문이나 산실(産室)문이 육해살(六害殺) 방향으로 나 있었을 것이다.

다음으로 열등생이고 품행도 단정치 못하고 부모님에게 항상 근심을 끼치는 문제아인 경우는, 출생 당시 병원 문이 장성살(將星殺) 방향으로 나 있었을 것이다. 물론 출생 당시의 병원 문이 장성살(將星殺)방향이었다 해서 모두 그렇게 되는 것은 아니다.

병원 출입문이 동서나 남북으로 동시에 나서 장성살(將星殺)의 작용이 감소되어 최악의 상황으로 가지 않게 되기도 하는 것이다. 출산 시 가장 올바른 문의 방향은 장성살(將星殺)방향의 반대방향인 재살(災殺)방향이거나 그 측근 방향이다.

출생년생 (出生年生)	장성살 (將星殺)	재살 (災殺)	육해살 (六害殺)
해묘미(亥卯未)	卯(3시 방향)	酉(9시 방향)	午(6시 방향)
인오술(寅午戌)	午(6시 방향)	子(12시방향)	酉(9시 방향)
사유축(巳酉丑)	酉(9시 방향)	卯(3시 방향)	子(12시방향)
신자진(申子辰)	子(12시 방향)	午(6시 방향)	卯(3시 방향)

분쟁해결은 역마(驛馬)에 있다.

❀ ❀ ❀

사주(四柱)에 역마(驛馬)가 있으면 보통 두 가지 상황이 일어난다. 귀인의 역마(驛馬)는 움직일수록 발전하고, 범인의 역마는 바쁘기만 하고 떠돌며 고생하는 경우가 많다.

역마(驛馬)에는 대개 손에 넣을 재물과 심신의 고통 두가지를 암시하는 재(財)와 살(殺)의 성분이 담겨 있는 까닭으로 역마(驛馬)는 길(吉)할 수도 있고 흉(凶)할 수도 있음을 뜻하는 얘기다.

한편 역마(驛馬)가 충(沖)을 당하면 채찍을 가한 것과 같고 합(合)을 만나면 발을 묶은 것과 같다.
'돼지, 토끼, 양' 띠가 뱀을 보면 역마(驛馬)가 있는 것이다.
'범, 말, 개' 띠는 원숭이, '뱀, 닭, 소' 띠는 돼지, '원숭이, 쥐, 용' 띠는 범이 각각 역마(驛馬)에 해당된다. 또한 뱀띠가 돼지를 보거나 범띠가 원숭이를 보면 충(沖)으로 인해 칠살(七殺)의 위력이 강해 관재구설(官災口舌)의 화(禍)가 침범할 우려가 크다.

역마(驛馬)는 오가며 소문을 낸다. 그래서인지 중매인은 보통 역마의 띠에 해당하는 사람일 때가 많다. 또 취업이나 알선 등의 중간역할자도 역마의 인연이다. 인생에서 중대사를 발생시키는 인연 또한 역마의 띠에 해당하는 사람이다.
분쟁해결의 실마리는 역마의 인연이나 역마의 시점에서 풀리게 되어 있다.

예를 들어 축(丑)년에 발생한 일은 역마에 속하는 돼지 해월(亥月)부터 문제가 해결되기 시작한다. 또한 송사에 휘말렸을 때는 역마의 띠를 가진 변호사를 만나야 사태수습에 도움이 된다. 성씨 또한 선천수(先天數)에 해당하는 획수를 지닌 사람이면 더 좋다.

예를 들어 돼지띠인 사람에게 사(巳) 뱀띠는, 역마에 해당되므로 사(巳)의 선천수(先天數)는 4·6 이므로 박(朴)씨이나 전(全)씨나 안(安)씨 등이 도움이 된다. 십이지(十二支)의 선천수(先天數)는 다음과 같다.

자(子)와 오(午)는 9, 축(丑)과 미(未)는 8, 인(寅)과 신(申)은 7, 묘(卯)와 유(酉)는 6, 진(辰)과 술(戌)은 5, 사(巳)와 해(亥)는 4로 정해진다.

자녀출산이 미치는 집안의 부흥관계

✾✾✾

우리 주변에서 흔히 어느 집이 큰아이를 낳고 곤궁하게 살다가 둘째 아이를 낳고는 부자가 되었느니 하는 경우를 보아왔을 것이다. 이러한 일들은 결론부터 말하면 천살(天殺)그룹과 화개살(華蓋殺)그룹의 자녀를 갖게 된 경우에는 공교롭게도 잉태된 달로부터 물질적, 정신적으로 부모들은 고전을 면치 못하게 된다. 여기서 부부는 남자의 띠를 기준으로 한다.

진(辰), 술(戌), 축(丑), 미(未)를 중심으로
「천살(天殺)그룹」「월살(月殺)그룹」「반안살(攀鞍殺)그룹」「화개살(華蓋殺)그룹」으로 나눌 수 있다.
천살(天殺)그룹과 화개살(華蓋殺)그룹을 묶어서 왕도(王道)로 보고월살(月殺)그룹과 반안살(攀鞍殺)그룹을 묶어서 민도(民道)로 통칭한다.

▶ 왕도(王道)그룹의 자녀를 두었을 경우

　※ 부모-경제적 고통이나 명예의 실추 등으로 나타난다.
　※ 자녀-부모보다 총명하고 외모도 수려하고 능력 있는 사람
　　으로 성장한다. 노후에 부모를 직접 부양한다.(보상심리)

▶ 민도(民道)그룹의 자녀를 두었을 경우
　※ 부모-별다른 노력 없이도 자연히 운이 열려 사업이 크게
　　일어나고 경제적 기반을 닦게 되는 행운을 얻게 된다.

　※ 자녀-생산성 있는 자녀로 크게 된다.

▶ 합작방향개운법
　첫째는 장성살(將星殺)방향으로 문이 나지 않는 곳에서 살도
록 해야하며, 둘째로는 잠잘 때 두침방향을 반안살(攀鞍殺)
방향으로 지키는 일이다.

방향을 알면 운이 보인다

❀ ❀ ❀

합작방향개운법은 12신살(神殺)에 기초하여 열두 가지 띠를 기준으로 네 가지 그룹의 사상체계를 적용하여 운용한다.

■ 합작방향개운법(해당 그룹의 띠를 적용한다)

운을 부르는 생활습관	운을 망치는 생활습관
▶방문은 반드시 재살(災殺)방향으로 나있는 방에서 생활한다. ▶두침방향(頭寢:잠자는 머리방향)은 반드시 반안살(攀鞍殺)방향으로 하고 잔다. (결혼여성은 남편의 띠에 따른다) ▶재살방향 오행색상의 옷을 즐겨 입는다. ▶상·하수도와 배수관 시설이 막히지 않게 한다. ▶현관은 항상 청결하게 한다 ▶제사는 반드시 종손띠를 기준으로 천살(天殺)방향으로 지낸다. ▶발병시 재살방향으로 병원 정문이 나있는 병원에서 치료를 받는다. ▶띠에 맞는 행운의 숫자를 잘 활용한다.	▶장성살(將星殺)방향으로 문이 나있는 방에서 늘 생활한다. ▶두침은 천살방향으로 하고 잔다. ▶장성살방향 오행색상의 옷을 즐겨 입는다. ▶배수관시설을 엉망으로 만들어서 막히게 한다. ▶현관을 지저분하게 늘어 놓고 생활한다.(신문지, 자전거 등) ▶제사는 반드시 종손띠를 기준으로 반안살(攀鞍殺)방향으로 지낸다. ▶발병시 장성살방향으로 병원 정문이 나있는 병원에서 치료를 받는다. ▶띠에 맞지 않는 숫자를 사용한다.

신자진(申子辰)년생 그룹, 해묘미(亥卯未)년생 그룹 인오술(寅午戌)년생 그룹, 사유축(巳酉丑)년생 그룹 등 네가지의 그룹으로 나눈다.

※ 결론적으로 합작방향개운법은 인위적이든 아니든 운이 좋은 사람은 우주의 조화를 좋은 방향으로 유도하게 된다는 것이다.

기도와 응답

응답받지 못하는 기도는 아무런 소용이 없다고 했습니다. 바른 기도는 소원하는 바가 분명하고, 구하는 대상이 명백하며, 두드리는 방향이 정확한 것입니다. 이렇게 세 가지가 맞아 떨어지면 즉시 응답을 받습니다. 구하는 이 마다 받고, 찾는 이는 찾아내며, 두드리면 열리는 것입니다.

기도의 응답이 이루어지지 않는 것은 구하는 바가 모호했기 때문입니다. 구하고 찾았지만 아무 곳이나 두드리면 응답에 오랜 시간이 걸리는 것입니다.

예수께서 그들에게 항상 기도하고 낙심하지 말아야 할 것을 비유로 말씀하여 이르시길 "하느님께서 밤낮 부르짖는 택하신 자들의 원한을 풀어 주지 않겠는가. 속히 그 원한을 풀어 주시리라" 하셨습니다. 이렇게 떼를 쓰듯 해도 무방한 것입니다. 불가에서 방방곡곡에 있는 사찰을 돌며 기도를 올리고 공양을 실천하는 것이 바른 불사라고 하는데 언젠가 가피를 입는 방편에 있어 최소한 틀림은 없는 얘기입니다.

불편한 진실과 혼돈이 난무하는 가운데 오늘날 尊師께서는 한 가지의 선명한 답을 내렸습니다. 한마디로 즉시 통하는 기도의 올바른 향(向)을 납득이 가게 알려주신 겁니다.
천신의 선택과 동시에 또한 기도를 방해하는 영적 세력을 세설(洗洩)하고 차단하는 효과를 다 거두게 됐습니다.

이를테면 화명(火命=인.오.술의 띠)이 바라보는 방향으로 정서의 서방(西方)을 향(向)하는 것은 곧 포태(胞胎)의 사지(死地)가 되어 하늘과 합작(合作)하는 육천합(六天合)이 되는 이치에서 비롯된 것입니다.(천살과 육해살의 합작임)

기독교에서 기도는 영적 전쟁에 비유되기도 하는데 사람이 기도를 시작하는 순간부터 응답받기 전까지 끊임없이 기도를 방해하고 훼방하는 영적 세력이 있기 때문입니다. 오늘 우리의 기도는 이미 침범한 사기를 설하고 대적하지 못하게 하는 사지 방향(死地方向)의 온전한 방편으로 실행됩니다.

이것이 곧 망육천 합작방향(亡六天 合作方向)이 되는 것입니다. 예를 들어 돼지띠인 사람이 기도를 한다고 했을 때 육체를 약간 피곤할 정도로 운동을 한 후에 자시(子時)에 정남의 오방

(午方, 시계로 6시 방향)을 향(向)하고 기도를 하면 됩니다.

(망신살+육해살+천살의 합작이 되고 이것은 곧 녹(祿)+사(死)+
양(養) 합작이 됩니다)

4강

독창적 명리의 이해

합작과 충분

■ 합작과 충분은 신살 체계의 핵심 키워드다.

▶ 사생의 글자는 충(沖)을 두려워한다.
합작 상태를 충분으로 무력하게 만들기 때문이다.
▶ 사패의 글자는 왕지의 충격으로 인해 합작을 더욱 공고히
하는 반대의 작용을 한다.
▶ 사고의 충(沖)은 먼저 합작으로 동했다가 입고현상을 야기
하므로 길·흉·변(吉·凶·變)의 상황반전을 가져올 때가
많다.

예를 들어 인신사해(寅申巳亥)생이 망신(亡神=건록)을 만나면
병이 든다. 예컨대 범띠생의 망신(亡神)은 사(巳)다.

인(寅)은 사(巳)에서 병지에 놓인다. 이것은 분주히 움직여 봐

야 먹을 것이 적다는 얘기다.

뱀띠생의 망신(亡神)은 신(申)이다. 사(巳)는 신(申)에서 병지에 놓인다.

자오묘유(子午卯酉)생이 망신(亡神)을 보면 왕(旺)에 속한다. 이때는 망신의 합작이 발생한다.

진술축미(辰戌丑未)생의 망신(亡神)은 모두 입묘(入墓)에 속한다. 사고의 글자가 형충(刑沖)되면 종래에 잃는 것이 많다.

** 합작(合作) : 두글자가 합하는것, 합해야 생산(生産)이 있다.
** 충분(沖分) : 부딪쳐 깨쳐서 분리되는 것.

■ 도화(桃花)에 반복물상을 하면 반드시 반안(攀鞍)과 합작(合作)하게 되어 있다. 다시 말하면 반복하는데 도화(桃花)의 물상이 반드시 있어야 한다. 즉 꼭 씻고 단정하게 계속 반복해서 공부하면 출세한다.

▶ 도화(桃花)는 월살(月殺)을 두려워 한다. 월살(月殺)에는 재극인(財克印)하는 재(財)의 요소가 작동하는 까닭으로 사주(四柱)에 도화(桃花)와 월살(月殺)이 다 있으면 명리(命理)용어로 탐재괴인(貪財壞印)의 불리한 상황이 전개되기 쉽다. 탐재괴인(貪財壞印)이란 한마디로 재(財)를 탐하다 본분을 잃는다는 즉, 두 마리 토끼를 좇다가 한 마리도 잡지 못하는

것을 뜻하는데, 투기 등으로 어려움을 겪는 경우가 많다.

여자는 대개 난산(難産)으로 고생하고 심하면 애기를 낳고 숨지는 불운에 이를 때가 있다.

이 둘의 관계에는 방해의 요소가 작용한다.

▶ 명리(命理)에서 도화(桃花)는 주로 주색(酒色)과 관련이 많은
  데 보는 법은 이렇다.

'돼지, 토끼, 양' 띠가 쥐의 자(子) 띠를 보거나

'범, 말, 개' 띠가 토끼의 묘(卯) 띠를 보거나

'뱀, 닭, 소' 띠가 말의 오(午) 띠를 보거나

'원숭이, 쥐, 용' 띠가 닭의 유(酉) 띠를 보면 이를 일러 도화(桃花) 혹은 년살(年殺)이라 말한다. 도화(桃花)가 흉하게 작용하면 주색(酒色)에서 헤어나지 못하므로 남녀의 음욕(淫慾)으로 설명되는 경우가 많다.

또 여기에는 장리(牆裡) 도화(桃花)와 장외(牆外) 도화(桃花)를 가려 설명하는 법수가 있기도 한데 팔자(八字)의 년월(年月)에 도화(桃花)가 있으면 장리(牆裡) 도화(桃花)라 하고 시(時)에 도화(桃花)가 있으면 장외(牆外) 도화(桃花)로 구분한다.

장외(牆外) 도화(桃花)는 부부가 사랑하고 아껴주므로 해(害)가 되지 않지만 장외(牆外) 도화(桃花)에 속하면 만나는 사람마다

다 노리개로 삼을 수 있으니 불길하게 보는 것이다.

봉건시대에는 여자팔자에 도화(桃花)가 끼어 있으면 남자집안에서 가장 금기의 대상으로 여겼다

■ 12 신살(神殺) 그룹

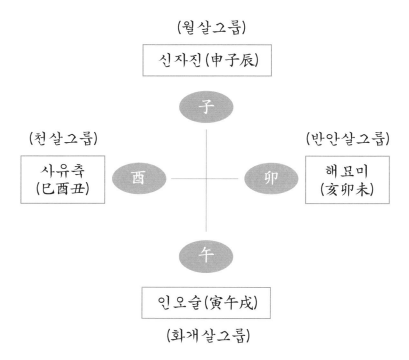

(월살그룹)

신자진 (申子辰)

子

(천살그룹)

사유축
(巳酉丑)

酉

卯

(반안살그룹)

해묘미
(亥卯未)

午

인오술(寅午戌)

(화개살그룹)

12신살(神殺) 그룹별 조건표

그룹별 \ 생년	申子辰	寅午戌	巳酉丑	亥卯未	비고
반안살 (攀鞍殺)	巳酉丑	亥卯未	寅午戌	申子辰	民道
월살 (月殺)	寅午戌	申子辰	亥卯未	巳酉丑	民道
천살 (天殺)	亥卯未	巳酉丑	申子辰	寅午戌	王道
화개살 (華蓋殺)	申子辰	寅午戌	巳酉丑	亥卯未	王道

▶ 상대를 압도하는 자리: 재살(災殺)을 등지고 장성(將星)방향을 바라본다. 돼지띠인 사람이 유(酉)시 9시 방향을 등지고 앉아 3시 방향을 보고 앉는다.

▶ 상대를 유혹하는 자리: 연살(年煞)을 등지고 육해(六害)방향을 바라본다. 돼지띠인 여자가 12시 방향 자(子)시를 등지고 6시 방향을 보고 앉는다.

▶ 절대 절명의 위기에서 구해주는 인연은 장성(將星)의 띠를 가진 사람이다.

장성(將星)은 이름을 듣기만 해도 위엄이 있다.

'돼지, 토끼, 양' 띠에게는 토끼띠가

'범, 말, 개' 띠에게는 말띠가

'뱀, 닭, 소' 띠에게는 닭띠가

'원숭이, 쥐, 용' 띠에게는 쥐띠가 각각 장성(將星)의 인연이 된다.

복잡한 법적 문제로 시달리거나 송사에 연루되면 장성(將星)의 띠를 가진 변호사를 찾아 해결을 시도하는 게 좋다.

사경을 헤매는 사람을 치료해 준 사람은 대부분 장성(將星)의 띠에 속하는 의사다.

뱀띠 며느리는 닭띠 시어머니에게 머리를 숙이게 되어 있다.

범띠 남편은 말띠 아내를 이기지 못한다.

장성(將星)과 역마(驛馬)는 궁합이 맞지 않는다.

예컨대 뱀띠가 가장인 가정에 부인이 닭띠고 큰딸이 돼지띠면 집안에 시끄러운 소리가 멈추지 않기 십상이다. 이때는 보통 육해(六害)의 띠가 조정역할을 한다. 육해(六害)에는 장성(將星)의 인(刃)과 역마의 재(財)를 소통하는 식상(食傷)의 기(氣)가 작동하기 때문이다.

'돼지, 토끼, 양' 띠에게는 말띠가

'범, 말, 개' 띠에게는 닭띠가

'뱀, 닭, 소' 띠에게는 쥐띠가

'원숭이, 쥐, 용' 띠에게는 토끼띠가 각각 육해(六害)의 띠에 해당한다.

마주보는 사람을 육해(六害)의 방향에 앉혀보라.

상대는 당신을 무한신뢰하는 눈빛을 보낼 것이다.

▶ 금전이 필요한 경우에는 월살(月殺)의 띠에 해당하는 사람에게 부탁하여 금전을 융통하면 문제를 해결할 수 있다.
  또 상대에게 예전에 얼마간 베풀어둔 공이 있는 인연이기에 거북한 채권관계가 잘 성립되지 않는다.
  한번정도는 형편을 봐주는 거래란 뜻이다.

  월살(月殺)에는 문서의 인수(印綬)와 재물의 재성(財星)이 함유되어 있어 이야기가 통할 가능성이 높다. 소띠와 양띠, 용띠와 개띠의 거래는 대개 '주고 받는'식의 관계일 공산이 크다.

  월살(月殺)은 글자 그대로 밤길에 달빛을 만난 격과 같다.
  월살(月殺)의 인연은 대개 자비가 있다. 후일 채무를 변제하지 못할 처지에 놓여도 다른 방도로 고통스럽지 않게 은혜에 보답할 수 있다는 얘기다.

■ 천살(天殺)과 반안살(攀鞍殺)과의 관계

천 살 (天殺)	← 충(沖) →	반안살 (攀鞍殺)

생 왕 묘

戌   ← 亥 卯 未 (木命) →   辰 (乙, 癸, 戊)

丑   ← 寅 午 戌 (火命) →   未 (丁, 乙, 己)

辰   ← 巳 酉 丑 (金命) →   戌 (辛, 丁, 戊)

未   ← 申 子 辰 (水命) →   丑 (癸, 辛, 己)

∴ 반안살 지장간에는, 겁재(양인)=기(氣)가 있다. 정(精)=인수, 신(神)=식, 재, 관. 즉, 정신기 삼자가 다 있다.

■ 지지장간 (地支藏干)

지지 지장간	子 (자)	丑 (축)	寅 (인)	卯 (묘)	辰 (진)	巳 (사)	午 (오)	未 (미)	申 (신)	酉 (유)	戌 (술)	亥 (해)
餘氣 (여기)	壬 (水)	癸 (水)	戊 (土)	甲 (木)	乙 (木)	戊 (土)	丙 (火)	丁 (火)	戊 (土)	庚 (金)	辛 (金)	戊 (土)
中氣 (중기)		辛 (金)	丙 (火)		癸 (水)	庚 (金)	己 (土)	乙 (木)	壬 (水)		丁 (火)	甲 (木)
正氣 (정기)	癸 (水)	己 (土)	甲 (木)	乙 (木)	戊 (土)	丙 (火)	丁 (火)	己 (土)	庚 (金)	辛 (金)	戊 (土)	壬 (水)

■ 공망(空亡)은 태세(太歲)의 간지(干支) 육갑(六甲)을 기준으로 순중공망(旬中空亡)의 글자를 적용한다.

▶ 공망표

육십갑자										공망
갑자	을축	병인	정묘	무진	기사	경오	신미	임신	계유	술해
갑술	을해	병자	정축	무인	기묘	경진	신사	임오	계미	신유
갑신	을유	병술	정해	무자	기축	경인	신묘	임진	계사	오미
갑오	을미	병신	정유	무술	기해	경자	신축	임인	계묘	진사
갑진	을사	병오	정미	무신	기유	경술	신해	임자	계축	인묘
갑인	을묘	병진	정사	무오	기미	경신	신유	임술	계해	자축

■ 천을귀인(天乙貴人)은 간지(干支)와 결부되어 일종의 전화위복(轉禍爲福), 궁즉통(窮卽通)과 같은 암시를 지니는 특별한 길성으로 설명된다. 통상적으로 귀인(貴人)은 합(合)을 반기고 형충(刑沖)과 공망(空亡)을 꺼리며 모든 살성의 흉력을 감소시키는 것으로 알려졌다.
甲戊庚-丑未, 乙己-子申, 丙丁-亥酉, 壬癸-卯巳, 辛-寅午

■ 십이생초(十二生肖)에 더해 십이지(十二支) 각각에 벼른 서른
  여섯가지의 짐승을 삼십육금수(三十六禽獸)라 한다.

표 1

자(子)	연(燕)	제비
	서(鼠)	쥐
	복(蝠)	박쥐
축(丑)	우(牛)	소
	해(蟹)	게
	별(鱉)	자라
인(寅)	리(狸)	삵
	표(豹)	표범
	호(虎)	범
묘(卯)	위(蝟)	고슴도치
	토(兔)	토끼
	단(貒)	오소리
진(辰)	룡(龍)	용
	교(鮫)	교룡
	어(魚)	물고기
사(巳)	선(鱓)	드렁허리
	구(蚯)	지렁이
	사(蛇)	뱀

표 2

	록(鹿)	사슴
오(午)	마(馬)	말
	장(獐)	노루
	양(羊)	양
미(未)	응(鷹)	매
	안(雁)	기러기
	묘(猫)	고양이
신(申)	원(猿)	원숭이
	오(烏)	까마귀
	치(雉)	꿩
유(酉)	계(鷄)	닭
	연(鳶)	솔개
	구(狗)	개
술(戌)	낭(狼)	이리
	시(豺)	승냥이
	돈(豚)	돼지
해(亥)	저(猪)	암돼지
	환(獾)	멧돼지

■ 천간(天干)을 36금수(禽獸) 및 천문(天文)에 비유

천간(天干)	금수(禽獸)	천문(天文)
甲	호랑이, 여우, 고슴도치	천둥(우뢰)
乙	토끼, 오소리, 담비, 족제비	바람
丙	사슴, 뱀	태양
丁	노루, 부엉이, 올빼미	별
戊	승냥이, 이리, 표범	노을
己	게, 자라, 거북이	구름
庚	까마귀	달
辛	꿩, 솔개	서리
壬	제비	이슬
癸	박쥐	봄장마 춘림(春霖)

(출처:오행 대의 및 삼명통회)

■ 지지(地支)를 36금수(禽獸)와 지리(地理)에 비교한 것

	금수(禽獸)	지리(地理)
子	쥐, 제비, 박쥐	묵지(검은 연못) 먹물. 계해시(癸亥時)에 나면 물이 대해로 흘러가니 쌍어유묵(雙魚遊墨)이라 필시 문장가가 됨
丑	소, 게, 자라	유안(언덕 ⌒) 물을 그치게 하는 축생(丑生)이 기미시(己未時)를 보면 상격(上格)
寅	호랑이, 범, 삵	광곡(광활한 계곡) 인생(寅生)이 무진시(戊辰時)에 나면 위엄이 대단하다

卯	토끼, 오소리 고슴도치	경림 (푸른숲) 묘생 (卯生)이 기미시 (己未時)를 보면 토끼가 달에 있다 -토입월궁 (하여 대귀 (大貴)해진다
辰	용, 이무기 (교룡) 물고기	초택 (연못) 진생 (辰生)이 임술 (壬戌)과 계해 (癸亥)를 만나면 대해격 (大海格)을 이룬다
巳	뱀,지렁이 드렁허리 (응어) ↳눈에 있음	대역 (교차로) 사생 (巳生)이 진시 (辰時)를 얻으면 뱀이 용이 되었다 하여 좋다 사화청용격 (蛇化靑龍格)
午	말, 노루, 사슴	봉후 (봉화) 오생 (午生)이 진시 (辰時)를 보면 용 (龍)이 나온 것인데 마화용마 (馬化龍馬용)라 이른다
未	양, 매, 기러기	화원-사람이 담을 쌓고 꽃을 심은 장소
申	고양이, 원숭이, 긴팔원숭이	名都 (명도:서울):도 (都)는 제왕이 있는 자리. 신생 (申生)이 해시 (亥時)를 기뻐한다. (한강이 있는 것처럼)
酉	닭, 꿩, 솔개	寺鐘 (사종) 유 (酉)는 금 (金)에 속하며 술해 천문 (天門)에 가까워 종을 울리면 천문 (天門)에 이른다 ※유 (酉)는 인 (寅)을 보면 길한 것은 종명곡응 (鐘鳴谷応)이기 때문
戌	개, 이리, 승냥이	소원 (메마르고 건조한 들판) 술월 (戌月)은 구월 (九月)로 초목이 시드는 때 ※술과 진은 귀인 (貴人)이 임하지 않는 곳이다
亥	돼지, 암돼지 멧돼지, 코끼리	현하 (큰 하천) ↳급한 경사를 세게 흐르는 하천 현하 (懸河), 해 (亥)는 천문이며 수 (水)에 속하니 현하지상이 된다 ※해년 (亥年)이나 해월생 (亥月生)이 일시 (日時)에서 인 (寅)이나 진 (辰). 水拱雷門 (수공뢰문)이라 한다.

사주(四柱)와 질병진단(疾病診斷)

■ 간지 배속 신체기관과 부위

천간(天干)	장 부	부 위
갑	담(쓸개)	머리, 수염, 머리카락
을	간장	목, 눈썹, 열손가락
병	소장	어깨
정	심장	가슴
무	위장	옆구리
기	비장	배
경	대장	배꼽부위
신	폐	다리(대퇴부)
임	방광, 三焦	정강이(소퇴부)
계	신장, 心包	발, 발바닥

지지(地支)	신체기관 및 부위
자	방광, 요도, 위, 생식기
축	비장, 자궁, 복부, 왼쪽다리, 입술
인	모발, 쓸개, 손, 왼쪽 넓적다리
묘	왼쪽 옆구리, 손가락, 간
진	피부, 가슴, 왼쪽 팔뚝
사	얼굴, 인후 치아, 항문, 왼쪽 어깨
오	정신, 머리, 눈
미	위, 완부(위속), 횡격막, 오른쪽 어깨, 척추, 삼초
신	오른쪽 팔뚝, 대장, 폐, 경락
유	정혈, 소장, 오른쪽 옆구리, 코, 인후
술	명문, 오른쪽 넓적다리, 발목, 양 다리사이
해	머리, 음낭, 오른쪽 다리, 신장

■ 질병진단 방법으로는 여러 가지가 있는데 다음 세 가지 경우를 주로 사용한다.

▶ 세운 십성으로 살펴서 질병진단하는 방법.
   해마다 오는 세운이 극하는 십성에 대입하여 판별한다.
   특히 천간의 극제(剋制)를 주의 깊게 본다.

십성	발병되는 질병
비견	간, 신장, 비만증, 소화불량
겁재	정신분열, 외상, 피로로 인한 질병
식신	위장병, 식중독, 소화불량, 비만증, 심장, 뇌혈관장애
상관	수술, 골절, 교통사고, 화상, 신체손상 등 의외의 사고
정재	두통, 불면증, 감기, 피로, 위장병
편재	남자는 성병, 음주로 인한 질병, 위장질환
정관	만성병, 관절염, 신장결석
칠살	성병(여자), 기관지염, 폐렴, 감기, 피로 증후군
편인	신경쇠약, 우울증, 유산, 소아마비
정인	대다수가 무병하나 영양과잉, 당뇨

▶ 신살(神殺)로 보는 법

유년(세월)에서 아래와 같은 신살을 만나면 이에 해당하는 질병이 발생한다.

- 겁　살 : 이비인후과 계통의 질환, 소장질환
- 망신살 : 허리와 다리 병, 큰 종기, 유산, 혈기불조
- 도화살 : 성병, 생식기질환과 비뇨기질환, 설사, 당뇨병, 주색으로 인한 질병
- 역마살 : 넘어져 잘 다친다. 요통, 척추질환, 관절염, 천식 피로증후군, 신경통

- 양 　인 : 신체장애, 난산, 중독 등의 증상
　　　　　 머리, 얼굴, 허리, 다리 병, 눈병
- 공 　망 : 비만증, 뇌신경쇠약, 의외의 장애 등

■ 신살표

신살 ＼ 띠	子	丑	寅	卯	辰	巳	午	未	申	酉	戌	亥
겁살	巳	寅	亥	申	巳	寅	亥	申	巳	寅	亥	申
망신살	亥	申	巳	寅	亥	申	巳	寅	亥	申	巳	寅
도화살	酉	午	卯	子	酉	午	卯	子	酉	午	卯	子
역마살	寅	亥	申	巳	寅	亥	申	巳	寅	寅	申	巳

■ 양인과 일간

양인 ＼ 일간	甲	乙	丙	丁	戊	己	庚	辛	壬	癸
양인	卯	辰	午	未	午	未	酉	戌	子	丑

■ 상관과 칠살로 보는 질병 진단 방법

대개 월지와 시지가 상관이나 칠살에 해당되면 다음과 같은 질병이 발생된다.

■ 상관·칠살이 자(子)(水)에 있을 시
인체로는 하부(생식기, 항문)를 나타내며, 혈, 땀, 침과 진액들의 수분을 나타내며 이에 문제가 발생된다.

■ 상관·칠살이 축(丑)(土)에 있을 시
인체로는 비위, 입술에 해당되며, 대개 신장질환에 주의.

■ 상관·칠살이 인(寅)(木)에 있을 시
인체로는 비위, 척추, 손가락, 관절을 나타내며, 담(膽)의 질환에 주의하여야 한다.

■ 상관·칠살이 묘(卯)(木)에 있을 시
子卯의 상형을 제일 꺼리며, 대장에 주의하여야 한다.

■ 상관·칠살이 진(辰)(土)에 있을 시
두려움과 공포로 인한 심리정서적 증상의 질병, 히스테리성 복통과 설사, 다리에 오는 모든병 에 주의하여야 한다.

■ 상관·칠살이 사(巳)(火)에 있을 시
빈혈, 간병, 여성은 생리질환 ,장질환을 주의하여야 한다.

■ 상관·칠살이 오(午)(火)에 있을 시
실명, 어지러움증, 두통, 신장, 소장, 혈압관계의 질환에 주의하여야 한다.

■ 상관 · 칠살이 미(未)(土)에 있을 시
기관지질환과 교감신경질환에 주의하여야 한다.

■ 상관 · 칠살이 신(辛)(金)에 있을 시
대장질환과 허리, 다리, 오른쪽 어깨 등의 질환에 주의하여
야 한다.

■ 상관 · 칠살이 유(酉)(金)에 있을 시
구강, 치아, 폐, 생식기질환, 성병등에 주의하여야 한다.

■ 상관 · 칠살이 술(戌)(土)에 있을 시
자궁질환과 하혈 등의 질환에 주의하여야 한다.

■ 상관 · 칠살이 해(亥)(水)에 있을 시
머리, 신경, 청각장애 등이 나타난다. 신해일이나 신일 기해
시는 눈과 귀가 먼 사람일 가능성이 크고, 병일 기해시도 마
찬가지다.

12운수(運數)

■ 12 운성(運星)

◈ 생(生) – 새로운 생명이 지구상에 태어난 상태를 말함.

◈ 욕(浴) – 뱃속에서 나와서 깨끗하게 씻은 상태를 말함.

◈ 대(帶) – 성인이 되어 사모관대를 두르고 결혼한 상태.

◈ 록(祿) – 직장을 가지고 수입이 있는 상태를 말함.

◈ 왕(旺) – 조직내에서 최고의 자리에 오른 상태를 말함.

◈ 쇠(衰) – 최고의 자리를 거치고 노련미와 경험을 바탕으로
능수능란한 단계의 상태를 말하며 현대사회의
회장 자리에 해당함.

◈ 병(病) – 나이가 들어 쇠약해져서 병이 든 상태를 말함.

◈ 사(死) – 사망에 다다른 상태를 말함.

◈ 묘(墓) – 죽어서 땅에 묻힌 상태이지만 완전히 잊혀지지
않은 상태로 무덤으로 추모하는 사람이 있다.

◆ 절(絶) - 완전히 잊혀져서 단절된 상태를 말함.

◆ 태(胎) - 자궁내에 갇혀서 새로운 생명을 잉태한 상태.

◆ 양(養) - 편안한 모체 내에서 천진난만하게 영양분을
흡수하며 태어나기를 기다리는 상태를 말함.

■ 12운수(運數)

십이지 (十二支)	子 자	丑 축	寅 인	卯 묘	辰 진	巳 사	午 오	未 미	申 신	酉 유	戌 술	亥 해
십이성 (十二星)	貴 귀	厄 액	權 권	破 파	奸 간	文 문	福 복	驛 역	孤 고	刃 인	藝 예	壽 수
십이살 (十二殺)	劫 겁	災 재	天 천	地 지	年 연	月 월	亡 망	將 장	攀 반	驛 역	六 육	華 화
(십이운) 十二運	絶 절	胎 태	養 양	生 생	浴 욕	帶 대	綠 록	旺 왕	衰 쇠	病 병	死 사	墓 묘

12운성은 따로 포태(胞胎)라는 용어로 즐겨 쓰인다.

12신살과 같은 자리에 연동하여 배당되어 작용한다.
(劫-絶) (災-胎) (天-養) (地-生) (年-浴) (月-帶) (亡身-建綠)
(將星-旺) (攀鞍-衰) (驛馬-病) (六害-死) (華蓋-墓).

■ 육신

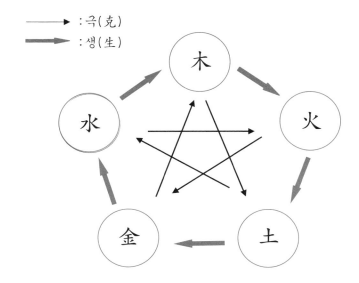

육신은 '아(我), 비(比), 식(食), 재(財), 관(官), 인(印)'의 여섯 가지를 말한다.

아(我)		본신(本身)	
비(比)	비견(比肩)	本身과 같은 五行의 글자	득세(得勢)
식(食)	식신(食神)	本身이 生하는 五行의 글자	진로(進路)
재(財)	재성(財星)	本身이 克하는 五行의 글자	득재(得財)
관(官)	관록(官祿)	本身을 克하는 五行의 글자	사직(司職)
인(印)	인수(印綬)	本身을 生하는 五行의 글자	후원(後援)

이것을 다시 음,양으로 나눈 것이 십성이다.

비(비견, 겁재) 식(식신, 상관) 재(정재, 편재) 관(정관, 편관)
인(정인, 편인).

오자술(五字術)

✿✿✿

오자술에서 오자(五字)는 다섯 글자, 팔자술에서 팔자(八字)는 여덟 글자를 뜻하는 용어다. 팔자술이 간지(干支) 여덟 글자를 근간으로 전개된다면 오자술은 간지 다섯 글자가 기틀이 되는 것이다. 그런데 실전간명(看命)에서는 오자술은 간지 여섯 글자를 재료로 한 인간의 과거와 현재, 미래의 일들을 추리하므로 엄격하게는 육자(六字)로 정의할 필요가 있다.

그럼에도 불구하고 구태여 오자로 명명한 것은 명조(命造)에 나열된 지지(地支) 다섯 글자에 비중이 큰 이유이기도 하다. 발상의 저변에는 당나라 시대의 일행선사(一行禪師)의 작품으로 알려진 일장금(一掌金)과 서로 비슷한 체계를 갖추고 있기 때문이다. 오자술에서 오자(五字)는 따로 지지의 마지막으로 다섯 번째의 글자를 말한다. 일장금(一掌金)에서는 네 번째 글자가 되는 생시의 시주(時柱)자리를 매우 중시한다. 이 자리의 글자가 내포하는 삶의 기간은 대략 장년이후의 황혼기까지의 활동기간이 된다. 생시는 삶의 과정이 모두 결과로 평가되는 삶의 귀결(歸結)이 되기 때문이다.

다섯 번째 글자가 되는 오자의 의미는 현대의 고령사회에서는 수명의 연장으로 인해 대략 회갑(回甲)을 맞이한 이후 노년생애를 주관하므로 그 의미가 더욱 중요해진다. 거슬러 올라가면 일장금(一掌金)의 원형인 당사주(唐四柱)의 유래는 중국 선종의 시조인 달마대사(達磨大師)로부터 찾을 수 있다. 그러나 일장금은 지지술(地支術)에 한정되어 있기 때문에 팔자술이 드러내는 현란함에 가려 소박한 유물에 지나지 않았다.

오자술은 이수 선생의 팔자명리를 종횡으로 융회관통(融會貫通)한 이후에 선생의 독창적 이론체계인 지지장간(藏干)의 합생(合生)에 주안점을 두고 재편한 것이다. 크게 지지의 합작(合作)과 천간의 합생(合生)논리로 틀을 짰다.

그래서 지금까지 간지술(干支術)의 영역에 속하여 생명력을 이어온 팔자술(八字術)이나 오성술(五星術), 구성(九星), 두수(斗數), 육임(六壬) 등을 통틀어 동양예측술의 정확도와 선명성에서 비할 데 없는 우위를 점유한다.

이 정도면 종래 명리술(命理術)의 개변(改變)이자 한국의 독창(獨創)적 운명술이라고 생각한다.

덧붙여 이 장(章)은 오자를 세우는 방법과 오자술에 필요한 기본적인 12수(數)정도의 재료에 대한 설명에만 국한했고, 추후에 발간될 오자술의 실전 운용에서 포태물상(胞胎物象)과 형충회합(形沖會合), 합생합작합반(合生合作合絆) 이론과 36금수론(禽獸論), 팔자허자론(八字虛字論) 등에 이르기까지 다채로운 이론들이 계통이 서게 융합해서 선을 보일 예정이다.

또 간단하면서도 무엇보다도 짜임새가 있다.

명리의 뿌리 깊은 정명(定命)을 벗어나려는 새로운 패러다임을, 또한 수긍이 가고 납득이 되는 방편(方便)을 지향하고 실전에서 동양 예측술의 정확도를 높이기 위해 노력할 것이다.

▣ 이제부터 오자를 세우는 방법부터 알아보자.

오자술은 이미 존재하는 당사주의 기본 재료인 12성(星)에 익숙해질 필요가 있다. 오래전부터 민간에서 유행되어 전래된 당사주는 십간을 배제한 십이지(十二支)의 기본틀로 명운을 헤아렸다.
다시 말하면 지지의 12성살론(十二星殺論)이 운용의 기본틀로 작용하는데 여기에 음양(陰陽)과 오행(五行)의 기본관념이 숨어있다.

■ 12운수(運數)

십이지 (十二支)	子 자	丑 축	寅 인	卯 묘	辰 진	巳 사	午 오	未 미	申 신	酉 유	戌 술	亥 해
십이성 (十二星)	貴 귀	厄 액	權 권	破 파	奸 간	文 문	福 복	驛 역	孤 고	刃 인	藝 예	壽 수
십이살 (十二殺)	劫 겁	災 재	天 천	地 지	年 연	月 월	亡 망	將 장	攀 반	驛 역	六 육	華 화
십이운 (十二運)	絶 절	胎 태	養 양	生 생	浴 욕	帶 대	綠 록	旺 왕	衰 쇠	病 병	死 사	墓 묘

이상의 12운수, 마흔 여덟 글자는 오자술의 기본재료다.
이 때의 12성(星)은 12지지의 글자 순서대로 배당되어 각 글자

의 의미를 내포하게 되므로 두 글자의 조합을 같이 익혀두도록 한다.

자(子)	축(丑)	인(寅)	묘(卯)	진(辰)	사(巳)	오(午)	미(未)	신(申)	유(酉)	술(戌)	해(亥)
|	|	|	|	|	|	|	|	|	|	|	|
귀(貴)	액(厄)	권(權)	파(破)	간(奸)	문(文)	복(福)	역(驛)	고(孤)	인(刃)	예(藝)	수(壽)
성(星)	성(星)	성(星)	성(星)	성(星)	성(星)	성(星)	성(星)	성(星)	성(星)	성(星)	성(星)

십이성은 십이성신(十二星辰), 십이살은 십이신살(十二神殺), 십이운은 십이운성(十二運星)의 줄임말이다. 십이운성은 따로 포태(胞胎)라는 용어로 즐겨 쓰인다. 십이지와 십이성이 연동하듯 십이살과 십이운도 같은 자리에 배당되어 작용한다.

겁(劫)	재(災)	천(天)	지(地)	연(年)	월(月)	망(亡)	장(將)	반(攀)	역(驛)	육(六)	화(華)
|	|	|	|	|	|	|	|	|	|	|	|
절(絶)	태(胎)	양(養)	생(生)	욕(浴)	대(帶)	록(祿)	왕(旺)	쇠(衰)	병(病)	사(死)	묘(墓)
운(運)	운(運)	운(運)	운(運)	운(運)	운(運)	운(運)	운(運)	운(運)	운(運)	운(運)	운(運)

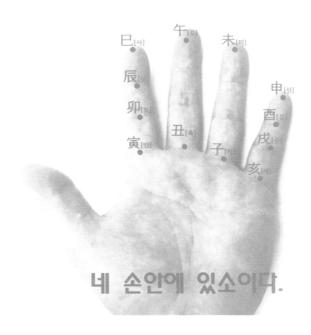

네 손안에 있소이다.

일반적으로 왼손을 이용하나, 머릿속에 넣어두면 굳이 왼손을 꺼내 손가락 마디를 짚을 필요는 없다. 늘 진리는 가까이에 있다. 12운수는 바로 '모든 진리는 네 손안에 담겨져 있다'라고 설파한다.

정작 이 말의 진의를 깨닫기엔 아직 부족함이 많다.

아무튼 세사(世事)의 모든 이치를 손바닥 안에 담아볼 수 있다는 뜻이다.

우리 선조들은 과거와 현재 그리고 미래사를 통틀어 그 이치를 헤아리는 방편으로 육갑(六甲)을 짚을 줄 알았다.

오자술(五子術)은 12생초(十二生肖)인 열두가지 동물을 떠나서는 생각할 수 없다.

오자를 세울 때 기준은 태어난 해의 띠, 즉 '생년(生年)의 띠'가 연주의 자리에 해당된다.

▶12생초(十二生肖)

자 (子)	축 (丑)	인 (寅)	묘 (卯)	진 (辰)	사 (巳)	오 (午)	미 (未)	신 (申)	유 (酉)	술 (戌)	해 (亥)
쥐	소	호랑이	토끼	용	뱀	말	양	원숭이	닭	개	돼지

이상의 열 두 동물을 십이진법 체계와 마찬가지로 반복된다.

예를들어 1958년에 태어난 사람은 개띠에 속하는데, 그 이후 12년이 지난 1970년에 태어난 사람도, 그 이후 또 12년이 지난 1982년에 태어난 사람도 개띠가 되는 식이다.

여기서 띠를 정하는 기준은 '음력 1월 1일 자시'가 된다.

오자술은 철저하게 음력법에 따른다.

팔자명리는 태어난 해를 정하는 기준은 양력과 밀접한 절기력(24절기)을 사용한다.

▶오자술을 세우는 방법

이제 1958년 7월 21일 오전 12시에 태어난 남자의 사주를 오자로 세워보겠다.

1. 먼저 1958년의 간지(干支)를 살펴야한다. 이 해는 무술년(戊戌年)으로 개띠 생에 해당된다. 따라서 년(年)의 자리는 술(戌)이 된다. 이때 년(年)의 자리 술(戌)은 곧 자신을 의미하는 개념으로 매우 중요한 글자임을 알아야한다.

연주	월주	일주	시주	오자(생시)
戊				
戌				

2. 다음으로 월주(月柱)는 생년의 자리술 (戌)을 포함해서 해당월의 숫자만큼 세어 나간다. (시계방향으로 센다)
   7월생이므로 술(戌)1, 해(亥)2, 자(子)3, 축(丑)4, 인(寅)5, 묘(卯)6, 진(辰)7'이니 7에 해당하는 진(辰)이 월주가 된다.

연주	월주	일주	시주	오자(생시)
戊				
戌	辰			

3. 일주를 세우는 법 또한 월주와 마찬가지다.

21일 생이므로 월주에 해당하는 진(辰)에서 시작해서 21번째가 되는 글자가 일주가 된다.

子	丑	寅	卯	辰 →	巳	午	未	申	酉	戌	亥
				1	2	3	4	5	6	7	8
9	10	11	12	13	14	15	16	17	18	19	20
21	22	23	24	25	26	27	28	29	30		

위의 표 순서대로 진(辰)에서 21번째가 되는 자리의 글자는 자(子)임을 알 수 있다. 따라서 일주는 자(子) 된다.

연주	월주	일주	시주	오자(생시)
戊				
戊	辰	子		

4. 이제 남은 것은 시의 자리, 즉 시주(時柱)와 오자(五字) 생시
(生時)인 것이다.

오전 12:00 생인 이 사람의 생시(生時)는 현재 우리가 쓰는 시
간이 동경시를 기준으로 하기 때문에 아래 표와 같다.

번호	시주(時柱)	태어난 시 (生時)
1	子時(자시)	23時 30分 - 01時 30分
2	丑時(축시)	01時 30分 - 03時 30分
3	寅時(인시)	03時 30分 - 05時 30分
4	卯時(묘시)	05時 30分 - 07時 30分
5	辰時(진시)	07時 30分 - 09時 30分
6	巳時(사시)	09時 30分 - 11時 30分
7	午時(오시)	11時 30分 - 13時 30分
8	未時(미시)	13時 30分 - 15時 30分
9	申時(신시)	15時 30分 - 17時 30分
10	酉時(유시)	17時 30分 - 19時 30分
11	戌時(술시)	19時 30分 - 21時 30分
12	亥時(해시)	21時 30分 - 23時 30分

따라서 시주는 일주의 자리 '子'에서 일곱 번째가 되는 글자로
정해진다. 자(子)1, 축(丑)2, 인(寅)3, 묘(卯)4, 진(辰)5, 사(巳)6,
오(午)7과 같은 순서로 번호를 매겨 오(午)의 글자가 시주가 됨
을 알 수 있다.

그리고 마지막으로 오자(五字) 즉, 생시는 상기 표에서 보듯이 (태어난 시간이 오전 12시는 오시(午時)에 해당됨) 오(午)를 그대로 쓰면 된다.

연주	월주	일주	시주	오자(생시)
戊				
戊	辰	子	午	午

이상으로 1958. 7. 21일 오전 12時(정오)에 태어난 사람의 사주는 위와 같이 오자술로 세워졌다.

※ 참고로 오자(五字)를 세울 때는 윤(閏)달을 무시한다. 그러므로 그대로 사주를 세우면 된다. 또 한 해의 기준, 즉 띠를 정하는 시점이 팔자명리에서는 절기로 입춘(立春)일이 되지만 오자술에서는 정월초하루(1월1일)가 기준이 된다.

자시(子時)도 조자시(朝子時) 야자시(夜子時)를 구분하지 않고 23시(時) 30분(分) 전후가 하루의 경계가 된다.

▶ 사주명식을 세우는 연습을 한 번 더 해보자.

가령 음력 1971년 1월 15일 02시(時) 10분(分)에 태어난 여성이 있다고 치자. 오자를 세울 때 남자와 여자는 방법이 다르다. 앞에서 남자의 사주를 세울 때 숫자를 순행(順行)으로 세어 나갔지만 여자의 경우는 역행(逆行)한다.(시계 반대방향으로 센다)

다시 말해 자축인묘진사오미신유술해(子丑寅卯辰巳午未申酉戌亥)순의 순행(順行)이 아니라 해술유신미오사진묘인축자(亥戌酉申未午巳辰卯寅丑子)순의 역행(逆行)이란 얘기다.

1. 1971년 신해(辛亥)생으로 이 사람은 돼지띠가 된다. 따라서 연주의 자리는 해(亥)가 된다.

연주	월주	일주	시주	오자
辛				
亥				

2. 다음으로 월주는 생년의 자리 해(亥)를 포함해서 해당월의 숫자만큼 지지의 역순으로 세어나간다. 1월생이므로 '해(亥)1' '술(亥)2' '유(酉)3'이니 1에 해당하는 해(亥)가 월주가 된다.

연주	월주	일주	시주	오자
辛				
亥	亥			

3. 15일 생이니 월주에 해당하는 해(亥)에서 시작해서 역순으로
   15번째가 되는 글자가 일주가 된다.

子	丑	寅	卯	辰	巳	午	未	申	酉	戌	亥 ←
12	11	10	9	8	7	6	5	4	3	2	1
									15	14	13

위의 그림 순서대로 해(亥)에서 15번째가 되는 자리의 글자는
유(酉)임을 알 수 있다. 따라서 일주는 유(酉)가 된다.

연주	월주	일주	시주	오자
辛				
亥	亥	酉		

4. 새벽 02시 10분에 태어난 이 여성은 축시(丑時)에 태어났다.
   앞의 생시표에서, 2번째 자리임을 알 수 있다. 따라서 시주
   는 일주의 자리 유(酉)에서 2번째가 되는 글자로 정해진다.
   이때도 마찬가지로 역순이다.

유(酉)1, 신(申)2, 미(未)3과 같은 순으로 번호를 매겨 두 번째
글자인 신(申)이 시주가 됨을 알 수 있고, 마지막 오자는 생시

인 축시(丑時)이므로 그대로 축(丑)의 글자를 세우면 된다.

이상으로 1971년 1월 15일 02시 10분에 태어난 여성의 사주는
다음과 같이 오자술로 세워졌다.

연주	월주	일주	시주	오자(생시)
辛				
亥	亥	酉	申	丑

■ 건명(乾命) '1958년생'		■ 곤명(坤命) '1971년생'
戊 戊辰子午午		辛 亥亥酉申丑

각 글자에 해당하는 십이성(十二星)을 붙여 오자술의 틀을 만
든다. 앞에서 설명한 십이수에서 십이지와 십이성은 연동한다
고 했다.

자 (子)	축 (丑)	인 (寅)	묘 (卯)	진 (辰)	사 (巳)	오 (午)	미 (未)	신 (申)	유 (酉)	술 (戌)	해 (亥)
|	|	|	|	|	|	|	|	|	|	|	|
貴	厄	權	破	奸	文	福	驛	孤	刃	藝	壽
귀	액	권	파	간	문	복	역	고	인	예	수

즉 자(子)는 귀성(貴星)이 되고 축(丑)은 액성(厄星)이 된다는
것이다.

■ 건명(乾命) '1958년생'	■ 곤명(坤命) '1971년생'
戊	辛
戊 辰 子 午 午	亥 亥 酉 申 丑
藝 奸 貴 福 福	壽 壽 刃 孤 厄
(예) (간) (귀) (복) (복)	(수) (수) (인) (고) (액)

명식에 십이성(十二星)이 배정된 다음에는 각 글자에 해당되는
십이살(十二殺)을 배당한다.
십이살(十二殺)은 '겁살(劫煞) - 재살(災殺) - 천살(天殺) - 지살
(地殺) - 연살(年殺) - 월살(月殺) - 망신살(亡神殺) - 장성살(將
星殺) - 반안살(攀鞍殺) - 역마살(驛馬殺) - 육해살(六害殺) -
화개살(華蓋殺)'의 열두 가지로 순서대로 이루어져 있다.

여기서 중요한 점은 십이살(十二殺)은 십이성(十二星)과 같이
십이지(十二支)의 각 글자별로 배정 되는 게 아니다. 생년의
띠에 따라서 자리가 각각 달라진다.

生年 (띠)	자子귀貴	축丑액厄	인寅권權	묘卯파破	진辰간奸	사巳문文	오午복福	미未역驛	신申고孤	유酉인刃	술戌예藝	해亥수壽
해묘미 (亥卯未)	년年	월月	망亡	장將	반攀	역驛	육六	화華	겁劫	재災	천天	지地
인오술 (寅午戌)	재災	천天	지地	년年	월月	망亡	장將	반攀	역驛	육六	화華	겁劫
사유축 (巳酉丑)	육六	화華	겁劫	재災	천天	지地	년年	월月	망亡	장將	반攀	역驛
신자진 (申子辰)	장將	반攀	역驛	육六	화華	겁劫	재災	천天	지地	년年	월月	망亡

상기 조건표를 살펴보면

■ 해묘미(亥卯未: 돼지, 토끼, 양띠)생은 '미(未)' 다음의
  글자인 신(申)부터,

■ 인오술(寅午戌: 범, 말, 개띠)생은 '술(戌)' 다음의 글자인
  해(亥)부터,

■ 사유축(巳酉丑: 뱀, 닭, 소띠)생은 '축(丑)' 다음의 글자인
  인(寅)부터,

■ 신자진(申子辰: 원숭이, 쥐, 용띠)생은 '진(辰)' 다음의 글자인
   사(巳)부터,

1) 겁살(劫煞) 2) 재살(災殺) 3) 천살(天殺) 4) 지살(地殺) 5) 연살
(年殺) 6) 월살(月殺) 7) 망신살(亡神殺) 8) 장성살(將星殺) 9) 반
안살(攀鞍殺) 10) 역마살(驛馬殺) 11) 육해살(六害殺) 12) 화개살
(華蓋殺) 순으로 십이살(十二殺)이 진행되어 나감을 확인 할 수
있다.

다시 말해 1958년 개띠생의 경우 '인오술(寅午戌 : 범, 말, 개
띠)' 군에 속하며 술(戌) 다음의 글자인 해(亥)부터 해겁(亥劫),
자재(子災), 축천(丑天), 인지(寅地), 묘년(卯年), 진월(辰月), 사
망(巳亡), 오장(午將), 미반(未攀), 신역(申驛), 유육(酉六), 술화
(戌華)의 순으로 십이지(十二支)의 각 글자에 십이살(十二殺)이
부여됨을 알 수 있다.

마찬가지로 1971년 돼지띠는 '해묘미(亥卯未 : 돼지, 토끼, 양
띠)' 군에 속하며 미(未)다음의 글자인 신(申)부터 신겁(申劫), 유
재(酉災), 술천(戌天), 해지(亥地), 자년(子年), 축월(丑月), 인망
(寅亡), 묘장(卯將), 진반(辰攀), 사역(巳驛), 오육(午六), 미화(未
華)의 순으로 십이지(十二支)의 각 글자에 해당 십이살(十二殺)
이 배당되므로 다음과 같이 명식이 세워진다.

■ 건명(乾命) '1958년생'	■ 곤명(坤命) '1971년생'
戊 戊 辰 子 午 午 藝 奸 貴 福 福 華 月 災 將 將	辛 亥 亥 酉 申 丑 壽 壽 刃 孤 厄 地 地 災 劫 月

위의 명식에 십이운성만 배당하면 하나의 온전한 오자술 명식
이 완성된다.

▶ 12운성은 다른 말로 포태(胞胎)라 한다.
- 절지(絶地) ■ 태지(胎地) ■ 양지(養地)
- 장생(將生) ■ 욕패(浴敗) ■ 관대(冠帶)
- 건록(建祿) ■ 제왕(帝旺) ■ 쇠지(衰地)
- 병지(病地) ■ 사지(死地) ■ 묘지(墓地)의 순서대로
열 두 가지다.

보통 한 글자의 줄임말로 절(絶), 태(胎), 양(養), 생(生), 욕(浴),
대(帶), 록(祿), 왕(旺), 쇠(衰), 병(病), 사(死), 묘(墓) 로 흔히 표
기되는데 십이운성은 십이신살과 같은 자리에서 연관되어 사
용된다. 여기서 絶(절)은 포(胞)로 사용되기도 한다.

劫 (겁)	災 (재)	天 (천)	地 (지)	年 (연)	月 (월)	亡 (망)	將 (장)	攀 (반)	驛 (역)	六 (육)	華 (화)
絶 (절)	胎 (태)	養 (양)	生 (생)	浴 (욕)	帶 (대)	祿 (록)	旺 (왕)	衰 (쇠)	病 (병)	死 (사)	墓 (묘)

여기서 명식의 각 12신살 자리에 운성의 글자를 배당하면 오자술 명식의 포국이 끝난다.

■ 건명(乾命) '1958년생'	■ 곤명(坤命) '1971년생'
戊 戊 辰 子 午 午 藝 奸 貴 福 福 華 月 災 將 將 墓 帶 胎 旺 旺	辛 亥 亥 酉 申 丑 壽 壽 刃 孤 厄 地 地 災 劫 月 生 生 胎 絶 帶

오자술 풀이는 상기의 명식에 12수(數) 고유의 성질과 상호작용을 이해하면서 시작된다.

먼저 오자술에서 말하는 근묘화실(根苗花實)과 원형이정(元亨利貞)의 뜻은 다음과 같다.

기본명식을 작성하면 다음으로 팔자명리에서 대운에 해당되는 대운(大運)을 정하게 되는데 이 때 각 글자를 15년씩 분할해서 적용한다. 이와 같이 인생 절반의 대운(大運)을 구분하는 법이 원형이정(元亨利貞)의 개념에 속한다.

이를테면 다음과 같은 식이다.

■ 건명(乾命) '1958년생'

연주	월주	일주	시주	생시
술예성 (戌藝星)	진간성 (辰奸星)	자귀성 (子貴星)	오복성 (午福星)	오복성 (午福星)
0~15세	15~30세	30~45세	45~60세	61세 이후
나, 조상	부모, 형제	배우자	자식	자식

■ 곤명(坤命) '1971년생'

연주	월주	일주	시주	생시
해수성 (亥壽星)	해수성 (亥壽星)	유인성 (酉刃星)	신고성 (申狐星)	축액성 (丑厄星)
0~15세	15~30세	30~45세	45~60세	61세 이후
나, 조상	부모, 형제	배우자	자식	자식

또 각각의 기둥은 육친의 성쇠와 상황을 나타낸다. 연주는 本柱(본주)로 自身(자신)을 의미하는 동시에 祖上(조상)을 나타낸다. 월주는 부모, 형제를, 일주는 배우자를 나타낸다.

시주는 자식과 후손, 오자술에서 생시(오자)의 자리에는 궁극적으로 노년기의 자식의 동태를 파악할 수 있다. 이상이 근묘화실(根苗花實)로 보는 육친궁(六親宮)의 관법이다.

■ 오자술에서 육친의 동향을 파악할 때는 2차원 평면적 상황이 아닌 3차원 입체적 수법을 적용한다.

연주	월주	일주	시주	생시(오자)
술예성 (戌藝星)	진간성 (辰奸星)	자귀성 (子貴星)	오복성 (午福星)	오복성 (午福星)

여기서 나와 부모, 형제, 나와 배우자, 나와 자식과의 작용관계는 다음과 같다.

연주	월주	연주	일주	연주	시주
술예성 (戌藝星)	진간성 (辰奸星)	술예성 (戌藝星)	자귀성 (子貴星)	술예성 (戌藝星)	오복성 (午福星)
나	부모, 형제	나	배우자	나	자식
※나와 부모, 형제간은 술(戌)과 진(辰)의 작용관계로 나타난다.		※나와 배우자간은 술(戌)과 자(子)의 작용관계로 나타난다.		※나와 자식간의 관계는 술(戌)과 오(午)의 작용관계로 나타난다.	

■ 명(命)에 같은 글자가 겹치게 되면 이를 복(復)이라 해서 대
  게 좋지 않게 본다.

이것은 '몸이 아프다', 또는 '육친상의 불화'로 나타나게 되고
특히 질병에 시달릴 우려가 있으며, 특히 여성은 뚜렷한 원인
도 없이 늘 몸이 아픈 경향으로 나타난다.
겹치는 현상이 생각 이상으로 위중할 때가 많다.
히스테리 증세를 보이기도 하고, 배우자를 미워하고 혐오하는
등 부부의 연(緣)이 불길해져 이혼이나 별거, 사별 등의 파란을
수반하는 경우가 많이 때문이다.
'일수복배(一數復排)'라는 학파의 조어(造語)가 생겼다.

▪ 연주와 월주의 복배	▪ 부모, 형제간 육친관계가 소원하다.
▪ 연주와 일주의 복배	▪ 부부간 다툼이나 불화, 별거가 생긴다.
▪ 연주와 시주의 복배	▪ 자식이나 후손과의 관계가 소원하다.
▪ 일주와 시주의 복배	▪ 배우자가 자식을 버리고 집을 나가는 경우가 있다.
▪ 월주와 시주의 복배	▪ 부모와 자식간의 인연이 박한 편이다.

■ 오자술에서는 조습(燥濕)의 배합이 중요하다.

子 (자)	丑 (축)	寅 (인)	卯 (묘)	辰 (진)	巳 (사)	午 (오)	未 (미)	申 (신)	酉 (유)	戌 (술)	亥 (해)
濕 (습)	濕 (습)	燥 (조)	해당 없음	濕 (습)	燥 (조)	燥 (조)	燥 (조)	濕 (습)	해당 없음	燥 (조)	濕 (습)

지지의 각 글자는 수(水)의 기운과 화(火)의 기운이 함유되어 있는데, 구분하면 다음과 같다.

■ 조습이 잘 배합되어야 평생 식록(食祿)을 잃지 않는다. 가령 조습이 배합되지 않으면 최소한의 의식주(衣食住)문제를 해결하기 어려울 정도로 생활이 어려워지고, 인덕(人德) 또한 박(薄)하여 고달픈 삶이 펼쳐진다.

▣ 조(燥) 한 글자로만 구성

연	월	일	시	생시
사(巳)	오(午)	미(未)	사(巳)	오(午)

▣ 습(濕) 한 글자로만 구성

연	월	일	시	생시
자(子)	해(亥)	축(丑)	자(子)	해(亥)

▣ 조, 습(燥, 濕)과 전혀 무관한 글자로만 구성

연	월	일	시	생시
유(酉)	묘(卯)	유(酉)	묘(卯)	유(酉)

▣ 허자(虛字)도 고려한다. (허자로도 조습을 맞출 수 있다.)

■ 육도(六道) : 오자술에서는 명(命)의 개체가 지향하는 길(途)의 뜻으로 쓰인다.

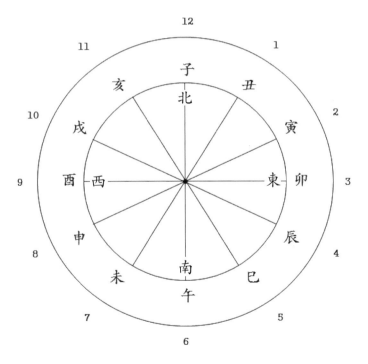

▶자귀(子貴)와 오복(午福)은 불도(佛道)에 속한다.

이 글자가 명(命)에 있으면 자비로우며 귀하게 보이고 남에게 대접을 받는다.
부귀와 영화를 누리며, 타인에게 잘 베푼다. 또한 사물을 너그럽게 용납하여 처리할 수 있는 넓은 마음과 깊은 생각이 있다.
그래서인지 불도의 글자가 있으면 아름답게 꾸미고 깨끗이 씻으며, 품행이 단정하며 남에게 해를 끼치지 않고, 행복한 시간을 누리게 된다.

▶축액(丑厄)과 미역(未驛)은 귀도(鬼道)에 속한다.

액(厄)은 나를 괴롭히고 아프게 하는 것이고, 역(驛)은 분주하게 다니는 역마를 말한다.

몹시 아끼고 탐내는 성질이 언행으로 나타나 병으로 인한 고통과 고생을 겪게 만든다. 스트레스가 병이 되는 것이다.
귀신은 불가사의하게 빨라 어디든지 질주할 수 있는 근기가 뛰어나고 험난한 장애물도 잘 넘어 다니고, 처량함을 연출하기도 한다.

축(丑)과 미(未)는 물상으로 논과 밭의 전토(田土)와 연관이 깊은 글자다. 그래서 명에 이 글자가 있으면 땅에 대한 애착이 남

달라 이른바 '땅부자'들이 많다.

귀신의 특징은 색탐과 식탐을 즐기며 질투가 심하다. 또한 사람을 괴롭히기는 해도 죽이지는 못한다. 사람의 눈에는 보이지 않는 특징이 있다.

명(命)에 축(丑)이나 미(未)등의 글자가 있고 행운(行運)에서 재난의 동인(動因)이 되면 해당 가축을 희생 제물로 삼아 능히 방편을 삼을 수 있다고 보는 것이다. 희생제물로 소, 염소, 양을 주로 쓴다. 귀도와 수라도가 겹치면 상상치 못하는 무서운 일이 발생한다.

▶인권(寅權)과 신고(申孤)는 인도(人道)로 조직을 관리하고 자립하는 리더십을 발휘한다.

인(寅)은 권력으로 상징되고 신(申)은 곧은 뜻과 절조로 당당하지만 고독하기 쉽다. 일정한 규칙이나 규범에 얽매이기도 한다. 그러므로 관용이나 자비로움은 없다. 한마디로 법의 잣대만을 생각한다.

인도의 특징은 두 가지로 요약된다. 어느 정도의 이상이나 목적을 이루기 위해 노력과 향상심에 큰 비중을 두는 일반적인 보통의 인간상이다.

다른 하나는 끊임없이 노력하고 고뇌하며 스스로 심신을 고단하게 만들며 정진(精進)을 해야 하는 것이다.

▶묘파(卯破)와 유인(酉刃)성은 축도(畜道)에 속한다.

묘(卯)는 현침의 글자로 찌르고 찔리는, 그리고 흐트러뜨리는 별에 속하고, 유(酉)는 품 안에 칼이 있는 별로 상징된다.
그러므로 쪼개지고 망가지는 어리석음이 베여있다.
그리하여 자신을 돌보지 않고, 우매할 정도로 자식을 위해 희생하고 가족들은 종래 뿔뿔이 흩어지는 경향이 있다.
또한 부끄러움을 모르지만 감은 빠르다.

▶진간(辰奸)과 술예(戌藝)성은 수라(修羅)로 모질고 사나우며, 행동이나 말 따위가 교묘하고 술수 이상의 능란한 속성이 있다.
진(辰)은 말을 잘하고 꾀를 잘 쓰며, 조화를 잘 부리나 곧잘 자승자박하는 어지러운 상황을 나타내는 별로 상징되고, 술(戌)은 예술적 감각과 재주가 비상함을 나타내는 별로 상징된다.

아수라는 성을 잘 내며 싸움을 잘 하는 중생으로 평가된다. 또한 어찌보면 장수의 격을 가진 귀신과 같은 신장(神將)과 유사하기도 하고, 상상을 초월한 힘과 놀라운 재주를 지닌 괴이한 형상의 도깨비와도 같다.

또 도깨비는 절구나 부지깽이, 오래된 기왓장이나 빗자루 등의 낡은 물건에 붙어 물질적 변화를 일으킨다.

특히 여성의 월경이 이런 낡은 물건에 스며든 경우는 더욱 힘을 발휘한다고 해서, 옛날 어른들은 처녀들이 빗자루를 깔고 앉는 것을 금기시했다.

아무튼 도깨비는 오랜 기간 존속하며 지기의 화신이 됐기에 사람을 해코지하는 귀신은 아닌 것으로 알려졌다. 다만 신선의 경지에는 이르지 못한 아쉬움과 노여움의 성질이 남아 장난을 치거나 위협을 하는 정도로 멈춘다는 것이다.

인간에게 부를 가져오는 경우도 있다.
이유는 여러 가지로 생각되는데, 도깨비로 보여진 사람들과의 교류를 통해서 부를 축적했다는 점, 사회 내부에 발생한 재앙 등을 도깨비가 짊어지고 사회 밖으로 가지고 갔다고 생각되는 점이 그것이다.

▣ 魅(매)자를 파자(破字)하면 귀(鬼), 미(未)로 적어도 아귀는 아니라는 뜻인데, 명(命)에 이 글자가 있으면 사람을 끌어들이는 묘한 매력이 있다.

▶사문(巳文)과 해수(亥壽)는 선도(仙道)에 속한다.

사(巳)는 학문과 연관이 있고, 해(亥)는 수명에 관계가 있는 별이다. 명(命)에 이 글자가 있으면 사사로운 탐욕이 없고 편안하며 한가롭고 걱정이 없으며, 마음을 편히 가지는 성향이 강하다. 게임이나 무협지 등에 빠지기도 하고 향락에 빠져 방탕해질 우려가 있다.

◼ 실전 간명(看命) 사례

■ 곤명(坤命) '1971년 1월 15일 새벽 02시 10분(음력)'

辛				
亥	亥	酉	申	丑
壽	壽	刃	孤	厄
地	地	災	劫	月
生	生	胎	絶	帶

1. 목명(木命)은 해(亥), 묘(卯), 미(未)이며 식신과 관이 합생(合生)하는 명이다. 즉, 일을 해야만 직위가 생긴다.
2. 해(亥)는 수명으로, 건강하고 장수하며 술 또한 강하다. 36금수로 돼지, 코끼리에 해당한다.
3. 유인성(酉刃星)으로 냉정하고 차가운 면이 있으며, 즉각적으로 반응하나 뒤끝은 없다. 30-40세 전후에 성형수술 등으로 칼을 덴 적이 있다.
4. 허자로 미역성(未驛星)으로 결혼 전은 삶이 녹록치 않았고 늘

아팠다.

5. 술예성(戌藝星), 사문성(巳文星) 등으로 재주가 비상하고 늦게 공부를 한다.

6. 쌍허로 인해 천문이나 활인 및 정신세계의 공부에 관심이 많으며, 늦게나마 진로를 선택할 것이다.(구류술업이나 활인업)

7. 결혼 전은 장생의 글자로 남들이 다 귀여워 해주고 사랑을 듬뿍 받고 자랐다.

8. 결혼하면서 배우자가 일을 무리하게 벌려서 삶이 녹록치 않고, 분리와 이별 등이 예상된다.(胎의 물상)

9. 신고성(申孤星)으로 외롭고 고독하다.

10. 포태물상으로 말년은 관대(冠帶)의 물상을 하고 갇혀서 생활한다.(의복을 잘 갖추어 입고 반복적인 일을 할듯함.)

11. 행운의 색은 검정색이며, 한난조습이 갖추어져 식록은 보장되었다. 허자로 조습이 갖추어졌음-미(未)와 사(巳).

12. 두침 방향은 4시 방향으로 하고 (반안방향)

13. 공부를 할 때는 10시 방향을 바라보고 하면 효과가 높다.

※ 참고로 형충회합, 포태물상, 허자론 등은 일부만 적용했고, 지금까지의 이 책에서 서술한 기본적인 자료에 감안한 추명임.

참고문헌

간지팔자(干支八字) 2007/이수/장서원

팔자허자론(八字虛字論) 2008/이수/장서원

레드북(Red Book) 2010/이수/장서원

이표신기 2012/이수/장서원

형충회합정해(刑沖會合精解) 2008/박연/장서원

방향을 바꾸면 운이 열린다 1994/박일우/대광출판사

현대사주와 질병의학 2010/정수호·김종섭

맺음말

세계적인 명리학자 이수 선생님과의 인연으로 또 다른 세계의 첨단 명리에 눈을 뜨게 된 것은 나에게 크나 큰 행운이었으며, 한없이 기쁜 일이었다.

스승님의 가르침은 예나 지금이나 나에게 버릴수록 채워지는 역설의 진리로 다가오곤 한다. 독보적이고 독창적인 선진 이론 체계는 이제 함축된 하나의 줄기로 관통될 시점에 이르렀다. 그것이 온고지신을 통한 확고한 프레임을 설정하게 하였고, 종래에는 영감과 지식, 일거양득의 결과를 얻게 되었다.

일반 독자들이 읽기에 큰 무리가 없이 독자들의 눈높이에 맞추기 위해 쉽게 설명하려고 노력했으나 그 평가는 독자들의 몫이다. 미력하나마 국민 역학 발전에 이 책이 조금이라도 일조했으면 하는 바람이다.